WILL & ARIEL DURANT

DIE LEHREN DER GESCHICHTE

5000 Jahre Menschheitsgeschichte, auf gerade einmal 150 Seiten, verfasst von zwei der größten Vordenker unserer Zeit

DIE LEHREN DER GESCHICHTE

5000 Jahre Menschheitsgeschichte,
auf gerade einmal 150 Seiten, verfasst von
zwei der größten Vordenker unserer Zeit

WILL & ARIEL DURANT

Bibliografische Information der Deutschen Nationalbibliothek
Die Deutsche Nationalbibliothek verzeichnet diese Publikation in der Deutschen Nationalbibliografie. Detaillierte bibliografische Daten sind im Internet über http://dnb.d-nb.de abrufbar.

Für Fragen und Anregungen:
info@m-vg.de

4. Auflage 2024

Übersetzung: Kerstin Brömer
Redaktion: Silke Panten
Korrektorat: Anne Horsten
Umschlaggestaltung: Marc-Torben Fischer
Umschlagabbildung: shutterstock.com/Hoika Mikhail
Satz: abavo GmbH, Buchloe
Druck: GGP Media GmbH, Pößneck
Printed in Germany

ISBN Print 978-3-95972-368-8
ISBN E-Book (PDF) 978-3-96092-679-5
ISBN E-Book (EPUB, Mobi) 978-3-96092-680-1

INHALT

VORBEMERKUNG

Die vorliegende Ausgabe von Will und Ariel Durants *Die Lehren der Geschichte* folgt der amerikanischen Erstveröffentlichung von 1968. Es liegt damit erstmals eine ungekürzte deutsche Übersetzung dieses Klassikers vor. Der FinanzBuch Verlag hat sich entschlossen, diesen historischen Text nicht durch Modernisierungen zu verändern, ist sich aber bewusst, dass einige Bemerkungen und Bezugnahmen der Autoren sehr zeitbezogen sind. Aus diesem Grund wurden – gerade für Leser außerhalb der USA – einige erklärende Anmerkungen eingefügt.

VORWORT

Diese Nachwehen bedürfen kaum eines Vorworts. Nachdem wir in der *Kulturgeschichte der Menschheit* (Originaltitel: *The Story of Civilization*) dieselbige bis zum Jahr 1789 abgeschlossen hatten, nahmen wir uns die zehn Bände noch einmal vor, um Informationen zu ergänzen, andere zu korrigieren sowie Druckfehler auszumerzen und anschließend eine überarbeitete Ausgabe herauszugeben. Dabei machten wir uns auch Notizen zu Ereignissen und Kommentaren, die die gegenwärtigen Verhältnisse, zukünftige Entwicklungen, das Wesen des Menschen und das Verhalten von Staaten beleuchten könnten. (Die Verweise im Text auf verschiedene Bände der *Kulturgeschichte der Menschheit* sind nicht als Quellen anzusehen, sondern als Beispiele oder Erläuterungen). Wir versuchten, mit unseren Schlussfolgerungen zu warten, bis wir unsere Untersuchung der Erzählungen abgeschlossen hatten, aber zweifellos beeinflussten unsere vorgefertigten Meinungen unsere Auswahl des Anschauungsmaterials. Dieses Buch ist das Ergebnis. Darin werden Sie viele Gedanken wiederfinden, die wir oder andere vor uns bereits geäußert haben. Unser Ziel ist nicht Originalität, sondern Inklusivität; wir bieten einen Überblick über die menschliche Erfahrung, keine persönliche Offenbarung.

An dieser Stelle möchten wir uns, wie so oft in der Vergangenheit, für die Hilfe und den Rat unserer Tochter Ethel bedanken.

Will und Ariel Durant

I. BEDENKENSWERTES

Wenn ein Historiker seine Studien abschließt, sieht er sich mit einer Reihe von Fragen konfrontiert: Welchen Nutzen haben Ihre Studien? Dient Ihre Arbeit nur dazu, zum x-ten Mal den Aufstieg und Fall von Nationen und Ideen aufzuwärmen und »traurige Geschichten über den Tod von Königen« nachzuerzählen? Haben Sie mehr über die menschliche Natur gelernt, als der Normalbürger lernen kann, ohne ein Buch aufzuschlagen? Haben Sie aus der Geschichte irgendeine Erleuchtung zu unserem gegenwärtigen Zustand gewonnen, irgendeine Anleitung für unsere Urteile und unsere Politik, irgendeinen Schutz vor den negativen Auswirkungen des Unerwarteten oder vor den Unbeständigkeiten, die steter Wandel mit sich bringt? Haben Sie in der Abfolge vergangener Ereignisse solche Regelmäßigkeiten gefunden, dass Sie das künftige Handeln der Menschheit oder das Schicksal von Staaten vorhersagen können? Ist es möglich, dass »Geschichte sinnlos ist«,[1] dass sie uns nichts lehrt und dass die unermessliche Vergangenheit nur das mühsame Einstudieren der Fehler war, die die Zukunft auf einer größeren Bühne und in größerem Maßstab zu machen bestimmt ist?

Manchmal haben wir dieses Gefühl. Dann befällt uns in unserem Bestreben eine Vielzahl von Zweifeln. Da ist zunächst einmal die Frage, ob wir überhaupt wissen, wie die Vergangenheit war, was tatsächlich geschehen ist, oder ob die Geschichte nicht vielmehr »eine Fabel« ist, auf die man sich halbwegs geeinigt hat. Unser Wissen über die Ereignisse in der Vergangenheit ist immer unvollständig, wahrscheinlich unzutreffend, durch ambivalente Belege und voreingenommene Historiker getrübt und vielleicht auch durch unsere eigene patriotische oder religiöse Einstellung verzerrt. »Der größte Teil der Geschichtsschreibung ist reine Vermutung, der Rest sind Vorurteile.«[2] Selbst ein Historiker, der glaubt, sich über die Parteilichkeit für sein Land, seine kulturgeschichtliche Herkunft, seine religiöse Überzeugung oder seine ökonomische und soziale Zugehörigkeit erheben zu können, unterliegt einer geheimen Vorliebe bei der Auswahl seiner Materialien und in den Nuancen der von ihm verwendeten Adjektive. »Der Historiker vereinfacht immer zu stark und wählt voreilig eine überschaubare Minderheit von Fakten und Gesichtern aus einer Menge von Seelen und Ereignissen aus, deren vielfältige Komplexität er nie ganz erfassen oder verstehen kann.«[3] Nochmals: Unsere Schlussfolgerungen, die wir aus der Vergangenheit ziehen und auf die Zukunft anwenden, werden durch die Beschleunigung des Wandels riskanter denn je. Im Jahr 1909 meinte Charles Péguy, dass sich »die Welt seit Jesus Christus weniger verändert hat als in den letzten dreißig Jahren«.[4] Und vielleicht mag heutzutage ein junger Doktor der Philosophie der Physik meinen, dass sich seine Wissenschaft seit 1909 stärker verändert hat als in der gesamten aufgezeichneten Zeit davor. Jedes Jahr – manchmal, etwa in Kriegszeiten, jeden Monat – erzwingt irgendeine neue Erfindung, Methode oder Situation eine neue Anpassung des Verhaltens und der Ideen. Darüber hinaus scheint ein Element des Zufalls, vielleicht der Freiheit, in das Verhalten von Metallen und Menschen einzufließen. Wir sind nicht länger davon überzeugt, dass Atome, geschweige denn Organismen, in der Zukunft so reagieren werden, wie sie unserer Ansicht nach in der Vergangenheit reagiert haben. Ganz wie Cowpers Gott agieren die Elektronen auf unergründliche

Weise, um ihre Wunder zu vollbringen.* Manche Charaktereigenarten oder Umstände können nationale Gleichungen durcheinanderbringen, etwa als Alexander sich zu Tode trank und sein neues Reich zerfallen ließ (323 v. Chr.) oder als Friedrich der Große durch einen Allianzvertrag mit einem in preußische Bräuche vernarrten Zaren vor Unheil bewahrt wurde (1762).

Offensichtlich kann Geschichtsschreibung keine Wissenschaft sein. Sie kann nur eine Industrie, eine Kunst und eine Philosophie sein. Eine Industrie, indem sie die Fakten aufspürt, eine Kunst, indem sie im Chaos der Materialien eine sinnvolle Ordnung schafft, und eine Philosophie, indem sie nach Perspektive und Erleuchtung sucht. »Die Vergangenheit befähigt die Gegenwart zum Handeln, während die Gegenwart ein besseres Verständnis über die Vergangenheit liefert«[5] – so glauben und hoffen wir zumindest. In der Philosophie versuchen wir, einen Teil im Licht des Ganzen zu sehen; in der »Philosophie der Geschichte« versuchen wir, diesen einen Moment im Licht der Vergangenheit zu sehen. Doch es ist unmöglich, alles zu erfassen, die Gesamtperspektive ist eine optische Illusion. Wir kennen nicht die gesamte Menschheitsgeschichte. Wahrscheinlich gab es schon vor den Sumerern oder Ägyptern zahlreiche Zivilisationen – wir haben gerade erst angefangen, zu graben! Wir müssen mit Teilwissen operieren und uns vorläufig mit Wahrscheinlichkeiten begnügen. In der Geschichte – wie in der Wissenschaft und in der Politik – herrscht die Relativität und alle Formeln sollten

* Anm. d. Red.: William Cowper (1731–1800) war ein englischer Dichter. Er litt bereits seit seiner Kindheit an schweren Depressionen. Trotz seiner Frömmigkeit war er der Ansicht, Gott habe ihn abgewiesen, was er ihm nicht zuletzt durch den frühzeitigen Tod seiner Mutter zeigte. Ein enger Freund, der bekehrte Sklavenhändler und Pastor John Newton (Verfasser des Liedes »Amazing Grace«), versuchte ihn vom Gegenteil zu überzeugen. Schließlich verfassten beide zusammen ein Buch mit Kirchenliedern, die Olney-Hymnen, was Cowper quasi zum Gesandten für Musik in Olney, England machte. Ein berühmter Satz aus den Hymnen lautet daher: »Gottes Wege sind unergründlich.«

kritisch betrachtet werden. »Die Geschichte lächelt über alle Versuche, ihren Fluss in theoretische Muster oder logisch begründete Spurrillen zu zwingen; sie wirft unsere Verallgemeinerungen über den Haufen, bricht all unsere Regeln; Geschichte ist barock*.«[6] Vielleicht können wir innerhalb dieser Grenzen genug von der Geschichte lernen, um die Realität geduldig zu ertragen und gegenseitig unsere irrigen Annahmen zu respektieren.

Da der Mensch in der astronomischen Zeit nur einen winzigen Moment ausmacht, ein kurzzeitiger Gast dieser Erde ist, eine Spore seiner Spezies, ein Spross seiner ethnischen Zugehörigkeit, ein Kompositum aus Körper, Charakter und Geist, ein Mitglied einer Familie und einer Gemeinschaft, ein Anhänger oder Bezweifler eines Glaubens, Teil einer Wirtschaft, vielleicht ein Bürger eines Staates oder ein Soldat in einer Armee, können wir unter den entsprechenden Rubriken – Astronomie, Geologie, Geografie, Biologie, Ethnologie, Psychologie, Moral, Religion, Wirtschaft, Politik und Krieg – zu ergründen versuchen, was die Geschichte über die Natur, das Verhalten und die Zukunftsperspektiven des Menschen zu sagen hat. Es ist ein heikles Unterfangen. Nur ein Narr würde versuchen, hundert Jahrhunderte in hundert Seiten voller gewagter Schlussfolgerungen zu zwängen. Wir gehen es an.

---

* Anm. d. Red.: Will Durant meint hiermit nicht die Kunstepoche, sondern »barock« im Sinne von seltsam, skurril.

II. GESCHICHTE UND DIE ERDE

Definieren wir die Geschichte in ihrer problematischen Duplizität einmal als die Ereignisse oder die Aufzeichnungen der Vergangenheit. Die menschliche Geschichte ist nur ein Wimpernschlag in der Gesamtzeit des Universums, und ihre erste Lektion lautet Bescheidenheit. Jeden Augenblick kann ein Komet der Erde zu nahe kommen und unseren kleinen Globus in wilder Rotation aus seiner Bahn schießen oder seine Menschen und Flöhe mit Dämpfen ersticken oder durch Hitze umbringen. Ebenso gut kann sich ein Fragment der lächelnden Sonne lösen – wie es nach Ansicht mancher unser Planet vor wenigen Augenblicken in der astronomischen Zeitrechnung getan hat – und auf uns herabstürzen und allen Kummer und Schmerz mit einem Schlag beenden. Wir akzeptieren diese Möglichkeiten und wenden uns mit den Worten Pascals an den Kosmos: »Wenn das Universum ihn zermalmt hat, wird der Mensch dennoch edler sein als das, was ihn getötet hat, denn er weiß, dass er stirbt, während das Universum von seinem Sieg nichts ahnt.«[7]

Geschichte unterliegt der Geologie. Jeden Tag dringt irgendwo Meer aufs Land vor oder Land aufs Meer; Städte verschwinden im Wasser, und versunkene Kathedralen läuten ihre melancholischen Glocken. Berge erheben und senken sich im Rhythmus von Magmaaufstieg und Erosion. Flüsse schwellen an und überschwemmen das Land – oder sie trocknen aus oder ändern ihren Lauf. Täler werden zu Wüsten, und Landengen werden zu Meerengen. Aus Sicht der

Geologie ist die gesamte Erdoberfläche eine sich ständig wandelnde Form, und der Mensch bewegt sich auf ihr so unsicher wie Petrus, der über die Wellen zu Christus geht.

Das Klima kontrolliert uns nicht mehr so stark, wie Montesquieu und Buckle vermuteten, aber es schränkt uns ein. Der Einfallsreichtum des Menschen überwindet oft geologische Nachteile: Er kann Wüsten bewässern und klimatisierte Räume in der Sahara erschaffen, er kann Berge ebnen oder überwinden und die Hügel terrassieren und mit Weinreben bepflanzen, er kann eine schwimmende Stadt bauen, um den Ozean zu überqueren, oder gigantische Vögel, mit denen er den Himmel erobert. Aber ein Tornado kann innerhalb einer Stunde eine Stadt zerstören, deren Erbauung ein Jahrhundert gedauert hat, ein Eisberg kann den schwimmenden Palast umstürzen oder aufschlitzen und tausend fröhliche, feiernde Menschen gurgelnd in die Unendlichkeit schicken. Regnet es zu selten, verschwindet die Zivilisation unter Sand wie in Zentralasien; regnet es zu viel und heftig, wird die Zivilisation von einem Dschungel verschluckt wie in Zentralamerika. Wenn die Durchschnittstemperatur in unseren florierenden Erdzonen um zwanzig Grad ansteigt, werden wir wahrscheinlich lethargisch in die Unzivilisiertheit zurückfallen. In einem halbtropischen Klima mag ein Volk von einer halben Milliarde Seelen wie Ameisen vor sich hin brüten, aber die zermürbende Hitze kann es der wiederholten Eroberung durch Krieger aus angenehmeren Lebensräumen aussetzen. Über Generationen hinweg ist es den Menschen gelungen, diesen Planeten mehr und mehr zu beherrschen, dennoch sind sie dazu bestimmt, in dessen Erdreich zu Fossilien zu werden.

Die Geografie ist die Matrix der Geschichte, ihre nährende Mutter und ihr disziplinierendes Zuhause. Ihre Flüsse, Seen, Oasen und Ozeane ziehen Siedler an ihre Ufer, denn Wasser ist das Lebenselixier von Organismen und Städten und bietet preiswerte Fahrwege für Transport und Handel. Ägypten war »das Geschenk des Nils«, und Mesopotamien errichtete nach und nach Zivilisationen »zwischen den Flüssen« und entlang ihrer Abflusskanäle. Indien war die Tochter des Indus, des Brahmaputra und des Ganges; China verdankte sein Leben und seine Sorgen den großen Flüssen, die oft ihr eigentliches Bett verließen und sich über das angrenzende Land ergossen – und es so fruchtbar machten. Italien schmückten die Täler von Tiber, Arno und Po. Österreich wuchs entlang der Donau, Deutschland entlang der Elbe und des Rheins, Frankreich entlang der Rhone, der Loire und der Seine. Petra und Palmyra waren nur durch die Oasen in der Wüste möglich.

Als die Griechen zu zahlreich für ihr Territorium wurden, gründeten sie Kolonien entlang des Mittelmeers (»wie Frösche um einen Teich«, sagte Platon[8]) und entlang des Euxine, des Schwarzen Meeres. Zweitausend Jahre lang – von der Schlacht von Salamis (480 v. Chr.) bis zur Niederlage der spanischen Armada (1588) – waren die Nord- und Südküste des Mittelmeers die rivalisierenden Sitze unter Vorherrschaft des weißen Mannes. Aber ab 1492 luden die Reisen von Kolumbus und Vasco da Gama die Menschen ein, den Ozeanen zu trotzen. Nachfolgend wurde die Souveränität des Mittelmeers infrage gestellt, Genua, Pisa, Florenz und Venedig verloren an Bedeutung, die Renaissance begann zu verblassen; die atlantischen Nationen erhoben sich und errangen schließlich die Oberherrschaft über die halbe Welt. »Westwärts nimmt der Lauf des Imperiums seinen Weg«, schrieb George Berkeley um 1730. Wird er sich über den Pazifik hinweg fortsetzen und europäische sowie amerikanische Industrie- und Handelstechniken nach China bringen, so wie früher nach Japan?* Wird die Fruchtbarkeit des Orients, wenn er mit der neuesten abendländischen Technologie arbeitet, den Niedergang des Westens bringen?

Die Entwicklung des Flugzeugs wird die Landkarte der Zivilisation erneut verändern. Die Handelsrouten werden immer weniger den Flüssen und Meeren folgen, Menschen und Waren werden mehr und mehr direkt an ihr Ziel geflogen werden. Länder wie England und Frankreich werden den kommerziellen Vorteil ihrer reichlich vorhandenen, äußerst praktischen Küstenlinien verlieren, dagegen werden Länder wie Russland, China und Brasilien, die durch den Überschuss von Landmasse im Verhältnis zu ihren Küsten behindert wurden, einen Teil dieses Handicaps durch den Flugverkehr ausgleichen. Die Küstenstädte werden ihren Reichtum weniger aus dem plumpen Geschäft des Gütertransfers vom Schiff auf den Zug oder umgekehrt schöpfen. Wenn die Seemacht in Transport und Krieg schließlich von der Luftmacht abgelöst wird, werden wir eine der grundlegenden Revolutionen der Geschichte erlebt haben.

Der Einfluss geografischer Faktoren nimmt mit zunehmender Technologie ab. Die Beschaffenheit und die Kontur eines Geländes mögen Möglichkeiten für Landwirtschaft, Bergbau oder Handel bieten, aber nur durch die Fantasie und Initiative von Vordenkern und Führungspersönlichkeiten sowie durch eine robuste Anhängerschaft können solche Möglichkeiten in die Tat umgesetzt werden; und nur eine ähnliche Kombination (wie im heutigen Israel) kann eine Kultur über tausend natürliche Hindernisse hinweg Gestalt annehmen lassen. Der Mensch, nicht die Erde, erschafft die Zivilisation.

---

* Anm. d. Red.: Diese Prognose ist inzwischen überholt.

III. BIOLOGIE UND GESCHICHTE

Die Geschichte ist ein Fragment der Biologie: Das Leben des Menschen ist ein Teil der wechselhaften Lebewesen zu Land und zu Wasser. Manchmal, wenn wir an einem Sommertag allein in den Wäldern umherwandern, hören oder sehen wir die Bewegungen von hundert Arten fliegender, springender, kriechender, krabbelnder, wühlender Organismen. Die aufgeschreckten Tiere huschen bei unserem Kommen davon, die Vögel stieben auseinander, die Fische zerstreuen sich im Bach. Plötzlich wird uns bewusst, zu welch gefährlicher Minderheit wir auf diesem unparteiischen Planeten gehören, und für einen Moment haben wir das gleiche Gefühl, das auch diese verschiedenartigen Bewohner offenkundig haben, nämlich dass wir vorüberziehende Eindringlinge in deren natürlichem Lebensraum sind. Dann fallen all die Chroniken und Errungenschaften des Menschen demütig an den ihnen angemessenen Platz innerhalb der Zeitgeschichte und des polymorphen Lebens. Unser gesamter wirtschaftlicher Wettbewerb, unser Kampf um Partner, unser Hunger und unsere Liebe und unsere Trauer und unser Krieg ähneln dem Suchen, der Verpaarung, dem Streben und dem Leiden, die sich unter diesen umgestürzten Bäumen oder Blättern oder in den Gewässern oder auf den Ästen verstecken.

Daher sind die Gesetze der Biologie die Grundlehren der Geschichte. Wir sind den Prozessen und Prüfungen der Evolution unterworfen, dem Existenzkampf und dem Gesetz des Überlebens des Stärkeren, um zu überleben. Wenn es so scheint, als könnten manche von uns diesen Kämpfen und Prüfungen entgehen, liegt das daran, dass unsere Gruppe uns schützt – aber die Gruppe selbst muss sich den Prüfungen des Überlebens stellen.

Die erste biologische Lektion der Geschichte lautet also: Leben ist Wettbewerb. Dieser Wettbewerb verläuft friedlich, wenn Nahrung im Überfluss vorhanden ist, und gewalttätig, wenn es mehr Münder zu stopfen gibt, als Nahrung existiert. Tiere fressen einander ohne Skrupel; zivilisierte Menschen zerfleischen sich gegenseitig in einem ordentlichen Gerichtsverfahren. Natürlich gibt es auch Zusammenarbeit, die mit der sozialen Entwicklung zunimmt, sie ist aber hauptsächlich ein Werkzeug und eine Form des Wettbewerbs. Wir arbeiten innerhalb unserer Gruppe – unserer Familie, Gemeinschaft, unserem Club, unserer Kirche, unserer Partei, unserer Ethnie oder unserer Nation – zusammen, um unsere Gruppe in ihrem Wettbewerb mit anderen Gruppen zu stärken. Konkurrierende Gruppen haben die gleichen Eigenschaften wie konkurrierende Individuen: Besitzgier, Kampfeslust, Parteinahme, Stolz. Unsere Staaten – die wir selbst in multiplizierter Form sind – sind genau wie wir. Sie zeigen unsere Natur wie durch ein Vergrößerungsglas und handeln wie wir – im Guten wie im Schlechten –, nur eben in gigantischem Ausmaße. Wir sind gewinnsüchtig, gierig und kampflustig, weil unser Blut sich an die Jahrtausende erinnert, in denen unsere Vorfahren jagen, kämpfen und töten mussten, um zu überleben, und in denen sie bis an die Grenze ihrer Magenkapazität essen mussten, aus Angst, dass sie so bald nicht wieder ein solches Festmahl bekommen würden. Krieg ist die Art und Weise, wie Nationen essen. Er fördert die Zusammenarbeit, weil er die ultimative Form des Wettbewerbs ist. Bis unsere Staaten Mitglieder einer großen und effektiv schützenden Gruppe werden, verhalten sie sich weiterhin wie Einzelpersonen und Familien auf der Jagd.

Die zweite biologische Lektion der Geschichte lautet, dass Leben Auslese bedeutet. Im Wettstreit um Nahrung, Partner oder Macht sind einige Organismen erfolgreich und andere erfolglos. Im Überlebenskampf sind einige Individuen besser als andere gerüstet, um die zahlreichen Prüfungen zu überstehen. Da die Natur (an dieser Stelle sind damit die absolute Realität und deren Prozesse gemeint) die amerikanische Unabhängigkeitserklärung oder die französische Erklärung der Menschen- und Bürgerrechte nicht sehr sorgfältig gelesen hat, werden wir alle unfrei und ungleich geboren: Wir sind unserem physischen und psychischen Erbgut sowie den Sitten und Gebräuchen unserer Gruppe unterworfen, wir besitzen ein unterschiedliches Maß an Gesundheit und Stärke, geistiger Kapazität und charakterlichen Eigenschaften. Die Natur liebt die Verschiedenartigkeit als notwendige Voraussetzung für Selektion und Evolution. Eineiige Zwillinge unterscheiden sich auf hundertfache Weise, und keine zwei Erbsen sind gleich.

Ungleichheit ist nicht nur natürlich und angeboren, sie wächst mit der Komplexität der Zivilisation. Erblich bedingte Ungleichheiten führen zu sozialen und künstlich zugeschriebenen Ungleichheiten. Jede Erfindung oder Entdeckung geht auf ein außergewöhnliches Individuum zurück und macht den Starken stärker, den Schwachen relativ schwächer als zuvor. Die wirtschaftliche Entwicklung führt zu Spezialisierung und damit zu unterschiedlichen Fähigkeiten und sorgt so dafür, dass einzelne Personen für ihre Gruppe unterschiedlich wertvoll sind. Wenn wir unsere Mitmenschen ganz genau kennen würden, könnten wir dreißig Prozent von ihnen auswählen, deren kombinierte Fähigkeiten denen aller anderen entsprechen würden. Das Leben und die Geschichte tun genau das, mit einer überwältigenden Ungerechtigkeit, die an Calvins Gott erinnert.*

Die Natur lächelt über die einträchtige Koexistenz von Freiheit und Gleichheit in unseren Utopien. Denn Freiheit und Gleichheit sind eingeschworene und ewige Feinde. Siegt der eine, stirbt der andere. Lässt man Menschen frei, so werden sich deren natürliche Ungleichheiten vervielfachen, wie in England und Amerika im 19. Jahrhundert unter Laissez-faire-Maßgabe. Um eine Zunahme der Ungleichheit einzudämmen, muss die Freiheit geopfert werden, wie in Russland nach 1917. Doch selbst wenn sie eingedämmt wird, wächst die Ungleichheit. Nur derjenige, der in seinen wirtschaftlichen Fähigkeiten unter dem Durchschnitt liegt, wünscht sich Gleichheit, wer sich dagegen seiner Überlegenheit bewusst ist, wünscht sich Freiheit – und letztendlich bekommen die mit überlegenen Fähigkeiten ihren Willen. Utopien der Gleichheit sind schon aus biologischen Gründen dem Untergang geweiht. Worauf ein freundlich gesonnener Philosoph bestenfalls hoffen kann, ist eine annähernde Gleichheit aller Menschen vor dem Gesetz und bei den Bildungschancen. Eine Gesellschaft, in der alle potenziellen Fähigkeiten sich entwickeln und ausgeübt werden können, hat im Wettbewerb der Gruppen einen Überlebensvorteil. Dieser Wettbewerb wird umso schärfer, je weniger Entfernungen eine Rolle spielen, was die Auseinandersetzungen zwischen den Staaten intensiviert.

Die dritte biologische Lehre der Geschichte lautet, dass sich das Leben fortpflanzen muss. Die Natur hat keine Verwendung für Organismen, Variationen oder Gruppen, die sich nicht reichlich fort-

---

* Anm. d. Red.: Der französische Reformator Johannes Calvin (1509–1564) war streng religiös. Seine theologische Lehre betont die absolute Heiligkeit Gottes; alles Menschenwerk sei ein Versuch, Gottes Souveränität einzuschränken. Calvins Lehren zufolge habe Gott vorherbestimmt, wer auf dem Weg zur ewigen Seligkeit und wer auf dem Weg zur ewigen Verdammnis sei.

pflanzen können. Sie hegt eine Leidenschaft für Quantität als Voraussetzung für die Auslese von Qualität; sie mag große Würfe und genießt den Kampf, durch den wenige Überlebende ausgewählt werden. Zweifellos blickt sie anerkennend auf das Wettrennen Tausender Spermien, die eine Eizelle befruchten wollen. Sie interessiert sich mehr für die Spezies als für das Individuum und unterscheidet kaum zwischen Zivilisation und Barbarei. Es ist ihr egal, dass eine hohe Geburtenrate gewöhnlich mit einer niederen kulturellen Zivilisation einherging und eine niedrige Geburtenrate mit einer höheren Kultur. Sie (damit ist hier die Natur als der Prozess von Geburt, Variation, Konkurrenz, Selektion und Überleben gemeint) sorgt dafür, dass eine Nation mit einer niedrigen Geburtenrate periodisch von einer virileren und fruchtbareren Gruppe gezüchtigt wird. Zu Caesars Zeiten überlebte Gallien gegen die Germanen durch die Hilfe römischer Legionen und in unserer Zeit durch die Hilfe britischer und amerikanischer Heere. Als Rom fiel, stürmten die Franken von Deutschland herbei und machten Gallien zu Frankreich; sollten nun England und Amerika fallen, könnte Frankreich, dessen Bevölkerungszahl während des 19. Jahrhunderts nahezu unverändert blieb, erneut überrannt werden.

Wenn es zu viele Menschen für das vorhandene Nahrungsangebot gibt, hat die Natur drei Mittel, um das Gleichgewicht wiederherzustellen: Hungersnot, Pest und Krieg. In einem berühmten Essay *Das Bevölkerungsgesetz* (Originaltitel: *Essay on Population*; 1798) erklärte Thomas Malthus, dass ohne diese periodischen Kontrollen die Geburtenrate die Sterberate so weit übersteigen würde, dass die Vermehrung der hungrigen Mäuler jede Steigerung der Nahrungsmittelproduktion zunichtemachen würde. Obwohl er ein Geistlicher und ein Mann des guten Willens war, wies Malthus darauf hin, dass die Auszahlung von Hilfsfonds oder die Verteilung von

Hilfsgütern an die Armen diese dazu ermutige, früh zu heiraten und sich unbekümmert fortzupflanzen, was das Problem noch verschlimmere. In einer zweiten Ausgabe (1803) riet er zur Enthaltsamkeit, was den Geschlechtsverkehr anbelangt, außer, er diene der Fortpflanzung, aber er weigerte sich, andere Methoden der Geburtenkontrolle zu billigen. Da er wenig Hoffnung hatte, dass dieser Rat große Akzeptanz finden würde, sagte er voraus, dass das Gleichgewicht zwischen hungrigen Mündern und Nahrungsangebot auch in Zukunft, wie in der Vergangenheit, durch Hungersnot, Seuchen und Krieg aufrechterhalten werden würde.

Die technischen Fortschritte in der Landwirtschaft und bei der Empfängnisverhütung während des 19. Jahrhunderts widerlegten Malthus offensichtlich: In England, den Vereinigten Staaten, Deutschland und Frankreich hielt die Nahrungsmittelversorgung mit den Geburten Schritt, und der steigende Lebensstandard verschob das Heiratsalter nach hinten und senkte die Familiengröße. Die Vervielfachung der Konsumenten war auch eine Vervielfachung der Produzenten: Neue »Hände« erschlossen neue Ländereien, um mehr Nahrungsmittel anbauen zu können. Jüngst haben Kanada und die USA Millionen Scheffel Weizen exportiert und gleichzeitig sowohl eine Hungersnot als auch eine Seuche im eigenen Land vermieden. Würde man das vorhandene landwirtschaftliche Wissen überall anwenden, könnte der Planet das Doppelte seiner heutigen Bevölkerung ernähren.*

Malthus würde natürlich antworten, dass diese Lösung das Unglück nur hinausschiebe. Der Boden sei nur begrenzt fruchtbar, jeder Fortschritt in der landwirtschaftlichen Technologie werde früher oder später durch einen zu hohen Geburtenüberschuss zunich-

* Anm. d. Red.: 1970 lebten weltweit 3,69 Milliarden Menschen; 2019 waren es bereits 7,71 Milliarden.

tegemacht und in der Zwischenzeit hebelten Medizin, sanitäre Einrichtungen und Wohltätigkeit die natürliche Selektion aus, indem sie die Untauglichen am Leben erhielten, um ihresgleichen zu vermehren. Worauf die Hoffnung antwortet: Auch in den Ländern, die jetzt die Welt durch ihre Fruchtbarkeit gefährden, werden die zunehmende Verstädterung und die Fortschritte in der Industrie, der Bildung und des Lebensstandards wahrscheinlich die gleiche Wirkung haben, wie sie in Europa und Nordamerika zu verzeichnen war, und die Geburtenrate senken. Bis dieses Gleichgewicht von Produktion und Reproduktion erreicht ist, ist es ein Gebot der Menschlichkeit, das Wissen zu teilen und Mittel zur Empfängnisverhütung zu verbreiten. Idealerweise sollte Elternschaft ein von der Gesundheit abhängiges Privileg sein und kein Nebenprodukt sexueller Erregung.

Gibt es irgendeinen Beweis dafür, dass Geburtenkontrolle dysgenisch ist – dass sie das intellektuelle Niveau der Nation, die sie praktiziert, senkt? Vermutlich wurde sie eher von den intelligenten als von den einfachen Menschen angewendet, und die Arbeit der Erzieher wird offenbar in jeder Generation aufs Neue durch die Fruchtbarkeit der Uninformierten zunichtegemacht. Aber vieles von dem, was wir Intelligenz nennen, ist das Ergebnis individueller Erziehung, von Möglichkeiten und Erfahrungen – und es gibt keinen Beweis dafür, dass solche intellektuellen Errungenschaften in den Genen weitergegeben werden. Auch die Kinder von promovierten Akademikern müssen erzogen werden und in ihrer Jugend die typische Phase von Fehlern, Dogmen und Ismen durchlaufen. Und wir haben keine Ahnung, welches Maß an potenzieller Fähigkeit und Genialität in den Chromosomen der geplagten und benachteiligten Armen lauert. Biologisch gesehen mag körperliche Vitalität bei der Geburt einen höheren Wert haben als intellektuelle Abstammung. So meinte Nietzsche, das beste Blut in Deutschland befinde sich in den Adern der Bauern; Philosophen seien nicht das tauglichste Material, aus dem man eine Population züchten könne.

Der Rückgang der Familiengröße spielte in der Geschichte Griechenlands und Roms eine gewisse Rolle. Es ist amüsant, dass Julius Caesar (59 v. Chr.) den Römern, die viele Kinder hatten, Belohnungen anbot und es kinderlosen Frauen verbot, sich in Sänften fortzubewegen oder Schmuck zu tragen. Augustus erneuerte diese Kampagne etwa vierzig Jahre später mit ähnlich geringem Erfolg. Die Geburtenkontrolle breitete sich in den Oberschichten weiter aus, während zahlreiche Einwanderer aus dem germanischen Norden und dem griechischen oder semitischen Osten nach Italien kamen und die Bevölkerung des Landes veränderten.[9] Sehr wahrscheinlich verringerte dieser ethnische Wandel die Fähigkeit oder Bereitschaft der Einwohner, sich gegen die Inkompetenz der Regierung und gegen Angriffe von außen zu wehren.

In den Vereinigten Staaten hat die niedrigere Geburtenrate der von den Angelsachsen abstammenden Einwohner deren wirtschaftliche und politische Macht geschmälert, während die höhere Geburtenrate römisch-katholischer Familien vermuten lässt, dass die römisch-katholische Kirche bis zum Jahr 2000 die dominierende Kraft sowohl in der nationalen als auch in den kommunalen oder bundesstaatlichen Regierungen sein wird.* Ein ähnlicher Prozess trägt dazu bei, den Katholizismus in Frankreich, der Schweiz und Deutschland wiederherzustellen; die Heimatländer von Voltaire, Calvin und Luther könnten bald in den päpstlichen Schoß zurückkehren. Somit kann die Geburtenrate, ebenso wie der Krieg, das Schicksal von Theologien bestimmen. So wie die Niederlage der

* Anm. d. Red.: Diese Ausblicke sind inzwischen überholt.

Muslime bei Tours (732) verhinderte, dass Frankreich und Spanien die Bibel durch den Koran ersetzten, so können die bessere Organisation, die größere Disziplin, Moral und Treue sowie die höhere Reproduktionsrate der Katholiken die protestantische Reformation und die französische Aufklärung zunichtemachen. Geschichte ist der beste Humorist, den es gibt.

IV. »RASSE« UND GESCHICHTE

Es gibt etwa zwei Milliarden People of Color auf der Erde und etwa neunhundert Millionen Weiße. Viele »Bleichgesichter« waren jedoch hocherfreut, als Graf Joseph Arthur de Gobineau in einem *Essai sur l'inégalité des races humaines* (1853–1855; ausschnittsweise auf Deutsch erschienen unter dem Titel: *Versuch über die Ungleichheit der Menschenrassen*) verkündete, dass die Spezies Mensch aus verschiedenen »Rassen« zusammengesetzt sei, die sich (wie Individuen) in ihrer physischen Struktur, ihrer geistigen Kapazität und ihren Charaktereigenschaften von Natur aus unterschieden, und dass eine »Rasse«, die »arische«, allen anderen von Natur aus überlegen sei.

> Alles Große, Edle und Nutzbringende im Wirken des Menschen auf diesem Planeten – in Wissenschaft, Kunst und Zivilisation – geht von einem einzigen Ausgangspunkt aus, stammt von demselben Keim; … es gehört nur einer einzigen Familie an, deren verschiedene Zweige in allen zivilisierten Ländern des Universums geherrscht haben … Die Geschichte zeigt, daß die gesamte Zivilisation von der weißen Rasse herrührt, dass keine andere ohne ihre Hilfe existieren kann und dass eine Gesellschaft nur so bedeutsam und brillant ist, wie sie das Blut der edlen Gruppe bewahrt, die sie geschaffen hat.[10]

Umweltvorteile, so argumentierte Gobineau, könnten den Aufstieg der Zivilisation nicht erklären, denn dieselbe Art von Umwelt (zum Beispiel das Erdreich düngende Flüsse), die die Zivilisationen Ägyptens und des Nahen Ostens bewässerten, hätten unter den »Indianern« Nordamerikas keine Zivilisation hervorgebracht, obwohl sie auf fruchtbaren Böden entlang prächtiger Wasserläufe gelebt hätten. Auch Institutionen würden keine Zivilisation hervorbringen, denn diese sei unter einer Vielfalt, ja sogar Gegensätzlichkeit von Institutionen entstanden, wie im monarchischen Ägypten und im »demokratischen« Athen. Aufstieg, Erfolg, Niedergang und Fall einer Zivilisation hingen von der inhärenten Qualität der »Rasse« ab, so Gobineau. Die Degeneration einer Zivilisation sei genau das, was das Wort selbst andeute: ein Abrücken vom Genus, also von der Gattung, dem Stamm oder der »Rasse«. »Völker degenerieren nur als Folge des Vermischens unterschiedlichen Bluts, dem sie sich unterziehen.«[11] Gewöhnlich geschehe dies durch die Vermählung der starken »Rasse« mit denen, die sie sich unterworfen habe. Daher stamme auch die Überlegenheit der Weißen in den USA und Kanada (die keine Mischehen mit »Indianern« geschlossen haben) gegenüber den Weißen in Lateinamerika (die das getan haben). Nur diejenigen, die selbst das Produkt solcher schwächenden Vermischungen seien, sprächen von der Gleichheit der »Rassen« oder würden glauben, »alle Menschen sind Brüder«[12] Alle starken Charaktere und Völker seien »rassenbewusst« und hätten instinktiv eine Abneigung gegen eine Hochzeit mit jemandem außerhalb ihrer eigenen »Rassengruppe«.

Im Jahr 1899 veröffentlichte Houston Stewart Chamberlain, ein Engländer, der Deutschland zu seiner Heimat gemacht hatte, *Die Grundlagen des neunzehnten Jahrhunderts*, worin er die gestaltende »Rasse von Ariern« auf Germanen eingrenzte: »Wahre

Geschichte beginnt in dem Augenblick, in dem der Deutsche mit mächtiger Hand das Erbe der Antike an sich reißt.« Dantes Gesicht fiel Chamberlain als typisch deutsch auf, er glaubte, im Brief des Apostels Paulus an die Galater unverkennbar deutsche Akzente zu hören, und obwohl er sich nicht ganz sicher war, dass Christus ein Deutscher war, war er davon überzeugt, dass, »wer behauptet, Christus sei ein Jude gewesen, entweder unwissend oder unehrlich ist«.[13] Deutsche Schriftsteller waren zu höflich, um ihrem Gast zu widersprechen: Treitschke und Bernhardi bekannten sich zu der Ansicht, die Deutschen seien das großartigste der modernen Völker, Wagner vertonte diese Theorie in seiner Musik, Alfred Rosenberg machte deutsches Blut und deutsche Erde zum »Mythos des zwanzigsten Jahrhunderts«, und Adolf Hitler rief auf dieser Grundlage die Deutschen dazu auf, ein Volk abzuschlachten und die Eroberung Europas in Angriff zu nehmen.

Ein Amerikaner, Madison Grant, grenzte in *Der Untergang der großen Rasse* (Originaltitel: *The Passing of the Great Race*; 1916) die Errungenschaften der Zivilisation auf jenen Zweig der Arier ein, den er »nordische Rasse« nannte – Skandinavier, Skythen, Baltikum-Deutsche, Engländer und angelsächsische Amerikaner. Der ein oder andere Stamm dieser hellhaarigen, blauäugigen »blonden Bestien«, die durch die kalten nordischen Winter abgehärtet worden seien, sei in einer Reihe von Eroberungsfeldzügen, die den Beginn der aufgezeichneten Zeitgeschichte markierten, durch Russland und den Balkan in den trägen und lethargischen Süden geschwärmt. Grant zufolge drangen die »Sacae« (Skythen?) in Indien ein, entwickelten Sanskrit als eine »indisch-europäische« Sprache und etablierten das Kastensystem, um ihre Entartung durch Mischehen mit dunkelhäutigen einheimischen Stämmen zu verhindern. Die Kimmerer strömten über den Kaukasus nach Persien, die Phryger nach Kleinasien, die Achäer und Dorer nach Griechenland und Kreta, die Umbrer und Osker nach Italien. Überall seien die nordischen Abenteurer, Krieger, Zuchtmeister gewesen; sie hätten sich die temperamentvollen, instabilen und trägen »mediterranen« Völker des Südens zu Untertanen oder Sklaven gemacht und sich auf dem Weg dahin mit den ruhigen und nachgiebigen »alpinen« Völkern vermischt und damit die Athener der perikleischen Blütezeit und die republikanischen Römer hervorgebracht. Die Dorer seien die wenigsten Mischehen eingegangen und zu den Spartanern geworden, eine kriegerische nordische Kaste, die über »mediterrane« Heloten (Staatssklaven) geherrscht habe. Mischehen hätten den nordischen Stamm in Attika geschwächt und zur Niederlage Athens gegen Sparta im Peloponnesischen Krieg und zur Unterwerfung Griechenlands unter die reineren nordischen Mazedonier und die republikanischen Römer geführt.

In einem weiteren Feldzug eroberten mit den Goten und Vandalen Angehörige der nordischen Völker aus Skandinavien und Norddeutschland das kaiserliche Rom; die Angeln und Sachsen eroberten England und gaben ihm einen neuen Namen; die Franken eroberten Gallien und gaben ihm ihren Namen. Die nordischen Normannen eroberten Frankreich, England und Sizilien. Die nordischen Langobarden folgten ihren langen Bärten nach Italien, gingen dort Mischehen ein und führten Mailand und Florenz in eine Renaissance. Die nordischen Waräger – Wikinger – eroberten Russland und regierten es bis 1917. Die nordischen Engländer kolonisierten Amerika und Australien, eroberten Indien und stellten Wachposten in jedem größeren asiatischen Hafen auf.

In unserer Zeit (so betrauerte es Grant) gebe diese nordische »Rasse« ihre Vorherrschaft auf. So habe sie 1789 ihre Stellung in Frankreich verloren. Wie Camille Desmoulins seinem Café-Publikum erzählte, war die Revolution ein Aufstand der einheimischen Gallier (»Alpinisten«) gegen die germanischen Franken, die sie Chlodwig und Karl dem Großen unterworfen hatten. Die Kreuzzüge, der Dreißigjährige Krieg, die Napoleonischen Kriege, der Erste Weltkrieg dezimierten die Zahl der Angehörigen der nordischen Volksgruppen so weit, dass sie der höheren Geburtenrate der alpinen und mediterranen Völker in Europa und Amerika nicht länger widerstehen konnte. Bis zum Jahr 2000, so sagte es Grant voraus, würde die nordische »Rasse« ihre Macht verloren haben und mit ihrem Sturz würde die westliche Zivilisation in einer neuen Barbarei untergehen, die überall sowohl von innen als auch von außen aufblühen würde. Er räumte klugerweise ein, dass die mediterrane »Rasse«, obwohl sie in ihrer körperlichen Ausdauer sowohl der nordischen als auch der alpinen unterlegen sei, sich in intellektuellen und künstlerischen Errungenschaften als überlegen erwiesen habe. Ihr müsse die klassische Blütezeit Griechenlands und Roms zugeschrieben werden, allerdings, so Grant, habe sie viel der Vermischung mit nordischem Blut zu verdanken.

Einige Schwächen der Rassentheorie sind offensichtlich. Ein chinesischer Gelehrter würde uns daran erinnern, dass sein Volk die beständigste Zivilisation in der Geschichte schuf – Staatsmänner, Erfinder, Künstler, Dichter, Wissenschaftler, Philosophen und Heilige von 2000 v. Chr bis in unsere Zeit. Ein mexikanischer Gelehrter könnte auf die stattlichen Bauwerke der Maya-, Azteken- und Inka-Kulturen im präkolumbianischen Amerika hinweisen. Ein hinduistischer Gelehrter würde zwar vielleicht einräumen, dass etwa 1600 v. Chr. eine »arische« Infiltration Nordindiens stattgefunden habe, dann aber daran erinnern, dass die schwarzen Draviden-Völker Südindiens selbst große Baumeister und Dichter hervorgebracht haben – so gehören die Tempel von Madras, Madura und Triehinopoly zu den beeindruckendsten Bauwerken der Welt. Noch verblüffender ist die hoch aufragende Tempelanlage der Khmer namens Angkor Wat. Geschichte ist farbenblind, und Angehörige aller Hautfarben können (in jeder günstigen Umgebung) eine Zivilisation entwickeln.

Die Schwierigkeiten bleiben auch dann bestehen, wenn man die Rassentheorie auf Weiße beschränkt. Die Semiten würden die Zivilisationen Babyloniens, Assyriens, Syriens, Palästinas, Phöniziens, Karthagos und des Islam anführen. Die Juden haben Europa die Bibel und das Christentum beschert und Mohammed einen Großteil des Korans. Die Mohammedaner könnten die Herrscher, Künstler, Dichter, Wissenschaftler und Philosophen aufzählen, die einen beträchtlichen Teil der Welt der Weißen von Bagdad bis Córdoba eroberten und schmückten, während Westeuropa durch das finstere Mittelalter tappte (etwa 565 bis etwa 1095).

Die antiken Kulturen Ägyptens, Griechenlands und Roms waren offensichtlich eher das Produkt geografischer Möglichkeiten und wirtschaftlicher sowie politischer Entwicklungen als das Ergebnis von »Rassemerkmalen«, und ein Großteil ihrer Zivilisation hatte eine orientalische Quelle.[14] Griechenland bezog seine Künste und Schriften aus Kleinasien, Kreta, Phönizien und Ägypten. Im 2. Jahrtausend v. Chr. war die griechische Kultur »mykenisch«, teilweise von Kreta abgekupfert, das sie wahrscheinlich wiederum von Kleinasien übernommen hatte. Als die »nordischen« Dorer gegen 1100 v. Chr. über den Balkan nach Süden zogen, zerstörten sie einen Großteil dieser frühgriechischen Kultur und erst einige Jahrhunderte später entstand die historische griechische Zivilisation im Sparta zu Zeiten von Lykurgo, im Milet von Thales, im Ephesos von Heraklit, auf Lesbos von Sappho, im Athen von Solon. Ab dem 6. Jahrhundert v. Chr. verbreiteten die Griechen ihre Kultur entlang des Mittelmeers in Durrës, Tarent, Crotone, Kalabrien, Syrakus, Neapel, Nizza, Monaco, Marseille, Málaga. Aus den griechischen Städten Süditaliens und aus der wahrscheinlich asiatischen Kultur Etruriens entstand die Zivilisation des antiken Rom, Rom wiederum war der Ursprung der Zivilisation Westeuropas, und aus Westeuropa entsprang die Zivilisation Nord- und Südamerikas. Im dritten und in den folgenden Jahrhunderten unserer Zeitrechnung verwüsteten verschiedene Stämme der Kelten, Teutonen oder Asiaten Italien und zerstörten die klassischen Kulturen. Der Süden erschafft die Zivilisation, der Norden erobert sie, richtet sie zugrunde, nimmt sich davon, was ihm gefällt, und verbreitet sie dann weiter: So lautet eine Zusammenfassung der Menschheitsgeschichte.

Versuche, die Zivilisation mit »Rassen« in Beziehung zu setzen, indem man das Verhältnis von Gehirn zu Gesicht oder Gewicht misst, haben nichts gebracht. Wenn die Schwarzen Afrikas keine große Zivilisation hervorgebracht haben, dann wahrscheinlich deshalb, weil die klimatischen und geografischen Bedingungen derartige Bemühungen vereitelt haben. Hätte denn eine der weißen »Rassen« unter solchen Bedingungen besser abgeschnitten? Es ist bemerkenswert, wie viele Afroamerikaner in den letzten hundert Jahren trotz immenser sozialer Hindernisse hohe Positionen im Beruf, in den Künsten und in der Literatur erreicht haben.

Ethnien spielen in der Geschichte eher eine vorbereitende als eine gestalterische Rolle. Unterschiedliche Stämme, die zu verschiedenen Zeiten aus verschiedenen Richtungen an einen bestimmten Ort kommen, vermischen ihr Blut, ihre Traditionen und ihre Lebensweise untereinander oder mit der dort ansässigen Bevölkerung, wie zwei verschiedene Genpools, die bei der sexuellen Fortpflanzung zusammenkommen. Eine solche ethnische Mischung kann im Laufe der Jahrhunderte einen neuen Typus, sogar ein neues Volk hervorbringen. So verschmolzen Kelten, Römer, Angeln, Sachsen, Jüten, Dänen und Normannen zu Engländern. Wenn der neue Typus Gestalt annimmt, sind seine kulturellen Ausdrucksformen einzigartig und bilden eine neue Zivilisation heraus – eine neue Physiognomie, neue Eigenschaften, eine neue Sprache, Literatur, Religion, Moral und Kunst. Nicht die Ethnie bestimmt die Zivilisation, sondern die Zivilisation bestimmt die Menschen: Geografische, wirtschaftliche und politische Gegebenheiten erschaffen eine Kultur, und die Kultur erschafft einen Menschentyp. Der Engländer macht nicht so sehr die englische Zivilisation aus, sondern sie macht ihn aus. Wenn er sie beispielsweise überallhin mitnimmt und sich auch in Timbuktu für das Abendessen herausputzt, dann nicht, weil er seine Zivilisation dort neu erschafft, sondern weil diese ihn auch dort beherrscht. Auf lange Sicht weichen solche Unterschiede in Tradition oder Typus dem Einfluss der Umwelt. Die Völker des Nordens nehmen die Merkmale der Völker des Südens an, wenn sie über Generationen hinweg in den Tropen gelebt haben, und die Enkel der Angehörigen von Völkern, die aus dem gemächlichen Süden auswanderten, verfallen sowohl in ihren Bewegungen als auch im Geist in das schnellere Tempo, das sie im Norden vorfinden.

So gesehen befindet sich die amerikanische Zivilisation noch immer im Stadium der Vermischung verschiedener Volksgruppen. Zwischen 1700 und 1848 waren die weißen Amerikaner nördlich von Florida vor allem Angelsachsen, und ihre Literatur spiegelte die des alten Englands auf dem Grund und Boden von Neuengland wider. Nach 1848 öffneten sich die Türen Amerikas für alle weißen Stämme, und eine neue Ethnienmischung begann, die sicherlich noch Jahrhunderte andauern wird. Wenn aus dieser Vermischung ein neuer homogener Typus entsteht, wird Amerika vielleicht eine eigene Sprache (so verschieden vom Englischen wie das Spanische vom Italienischen), eine heimische Literatur und charakteristische Künste haben. Diese bilden sich bereits und sind in Teilen schon sichtbar.

Antipathien gegenüber anderen »Rassen« haben einige Wurzeln in der ethnischen Herkunft, aber sie entstehen auch, vielleicht sogar überwiegend, durch Unterschiede in der erworbenen Kultur – Sprache, Kleidung, Gewohnheiten, moralische Ansichten oder Religion. Das einzige Gegenmittel gegen solche Antipathien ist eine gute Bildung. Kennen wir die Geschichte, so wissen wir, dass Zivilisation ein Gemeinschaftsprodukt ist, zu dem fast alle Völker etwas beigetragen haben. Sie ist unser gemeinsames Erbe und unsere gemeinsame Schuld. Ein Mensch verhält sich dann zivilisiert, wenn er jeden Mann und jede Frau, von welchem Stand auch immer, als Vertreter einer dieser schöpferischen und beitragenden Gruppen behandelt.

V. CHARAKTER UND GESCHICHTE

Die Gesellschaft gründet nicht auf den Idealen, sondern auf der Natur des Menschen, und die Verfassung des Menschen bestimmt die Verfassungen der Staaten. Wie aber sieht die Verfassung des Menschen aus?

Wir können die menschliche Natur als die grundlegenden Tendenzen und Gefühle der Menschheit definieren. Die grundlegendsten Tendenzen werden wir Instinkte nennen, obwohl uns bewusst ist, dass manche große Zweifel darüber aufgekommen sind, dass diese angeboren sind. Wir können die menschliche Natur durch die »Tabelle der charakterlichen Merkmale« (s. Seite 38) beschreiben. Nach dieser Analyse wird der Mensch normalerweise »von Natur aus« (also durch Vererbung) mit sechs positiven und sechs negativen Instinkten ausgestattet, deren Funktion es ist, das Individuum, die Familie, die Gruppe oder die Spezies zu erhalten. Bei positiven Persönlichkeiten überwiegen die positiven Tendenzen, aber die meisten Individuen tragen beide Arten von Instinkten in sich, um (je nach Stimmung oder Umständen) den grundlegenden Herausforderungen oder Chancen des Lebens zu begegnen oder sie zu vermeiden. Jeder Instinkt erzeugt Gewohnheiten und wird von Gefühlen begleitet. In ihrer Gesamtheit bilden sie die Natur des Menschen.

Doch wie sehr hat sich die menschliche Natur im Laufe der Geschichte verändert? Theoretisch muss es eine gewisse Veränderung gegeben haben, denn die natürliche Auslese hat sich vermutlich sowohl auf psychische als auch auf physische Unterschiede ausgewirkt. Dennoch zeigt die bekannte Geschichte nur wenig Veränderung im Verhalten der Menschheit. Die Griechen zur Zeit Platons verhielten sich sehr ähnlich wie die Franzosen der jüngsten Jahrhunderte; und die Römer verhielten sich wie die Engländer. Zwar ändern sich die Mittel und Instrumente, die Motive und Ziele bleiben jedoch die gleichen: handeln oder ausruhen, erwerben oder weggeben, kämpfen oder sich zurückziehen, nach Gesellschaft oder Privatsphäre streben, sich paaren oder sich verweigern, elterliche Fürsorge bieten oder vorenthalten. Auch wenn man verschiedene Klassen miteinander vergleicht, unterscheidet sich die menschliche Natur nicht: Im Großen und Ganzen haben die Armen die gleichen Impulse wie die Reichen, nur mit weniger Möglichkeiten oder Fähigkeiten, sie umzusetzen. Nichts in der Geschichte ist eindeutiger als der Umstand, dass siegreiche Rebellen genau die Methoden übernehmen, die sie zuvor bei den Kräften, die sie entthront haben, verurteilten.

Tabelle der charakterlichen Merkmale

	Instinkte	**Ausprägungen**	**Empfindungen**
positiv	Handeln	Spiel Arbeit Neugier Manipulation Denken Innovation Kunst	Beschwingtheit Energie Eifer Staunen Versunkenheit Entschlossenheit ästhetisches Empfinden

	Instinkte	Ausprägungen	Empfindungen
negativ	Schlaf	Ausruhen Faulheit Gleichgültigkeit Zögern Träumen Nachahmung Erkrankung/Störung	Müdigkeit Trägheit Langeweile Zweifel Leere Akzeptanz Verwirrung/ Bestürzung
positiv	Kampf	Vorstoß Wettkampf Kampflust Herrschaft	Mut Rivalität Wut Stolz
negativ	Flucht	Rückzug Kooperation Scheu Unterwerfung	Besorgnis Freundlichkeit Angst Demut
positiv	Erwerb	Essen Horten Eigentum	Hunger Habgier Besitzgier
negativ	Vermeidung	Ablehnung Ausgabe Armut	Abneigung Verschwendungssucht Unsicherheit
positiv	Gesellschaft	Kommunikation Streben nach Akzeptanz Großzügigkeit	Geselligkeit Eitelkeit Güte
negativ	Privatsphäre	Einsamkeit Angst vor Ablehnung Egoismus	Heimlichtuerei Schüchternheit Feindseligkeit

	Instinkte	Ausprägungen	Empfindungen
positiv	Paarung	sexuelle Aktivität Liebeswerben	sexuelle Fantasie sexuelle Liebe
negativ	Verweigerung	sexuelle Perversion Erröten	Sexualneurose Sittsamkeit
positiv	elterliche Fürsorge	Haus- und Familienarbeit	elterliche Liebe
negativ	kindliche Abhängigkeit	kindliche Rebellion	kindlicher Unmut

Seit es Aufzeichnungen gibt, verlief die Evolution des Menschen eher sozial als biologisch: Sie wurde nicht durch vererbbare Variationen der Spezies ausgelöst, sondern hauptsächlich durch wirtschaftliche, politische, intellektuelle und moralische Veränderungen, die durch Nachahmung, Brauch oder Erziehung an Individuen und Generationen weitergegeben wurden. Brauch und Tradition innerhalb einer Gruppe entsprechen dem Typ und der Vererbung in der Spezies und den Instinkten im Individuum: Sie sind fertige Anpassungen an typische und sich häufig wiederholende Situationen. Da jedoch auch immer wieder neue Situationen entstehen, die neue, nicht stereotype Reaktionen erfordern, benötigt die Entwicklung bei den höher entwickelten Lebewesen Experimentier- und Innovationsfähigkeit – die soziale Entsprechung zu Variation und Mutation. Soziale Evolution ist ein Zusammenspiel von Brauch und auslösender Veranlassung.

Hier gewinnt das die Initiative ergreifende Individuum – der »große Mann«, der »Held«, das »Genie« – seinen Platz als prägende Kraft in der Geschichte zurück. Er ist nicht ganz der Gott, den Carlyle beschrieben hat;* er entstammt seiner Zeit und seinem Land und ist sowohl das Produkt und Symbol von Ereignissen als auch deren Akteur und Stimme. Würde nicht eine Situation neue Antworten erfordern, wären seine neuen Ideen unzeitgemäß und undurchführbar. Wenn er ein Held des Handelns ist, führen erst die Anforderungen, die seine Position mit sich bringt, und die Überhöhung der Krise dazu, dass er eine Größe und Macht erhält, wie es in normalen Zeiten nicht der Fall gewesen wäre. Aber er ist nicht nur das Ergebnis von Vorkommnissen. Manche Ereignisse finden ohne sein Zutun statt, andere erst durch ihn; seine Ideen und Entscheidungen gehen entscheidend in den Lauf der Geschichte ein. Manchmal mag seine Redegewandtheit, wie die von Churchill, tausend Bataillone wert sein, seine Weitsicht in Bezug auf Strategie und Taktik, wie die von Napoleon, kann Schlachten und Feldzüge gewinnen und Staaten errichten. Wenn er ein Prophet ist, wie Mohammed, und gut darin, Menschen zu inspirieren, können seine Worte ein armes und benachteiligtes Volk zu ungeahnten Ambitionen und überraschender Macht führen. Ein Pasteur, ein Morse, ein Edison, ein Ford, ein Wright, ein Marx, ein Lenin, ein Mao Tse-tung sind die Resultate unzähliger Ursachen und die Ursachen unendlicher Resultate.

In unserer Tabelle der charakterlichen Merkmale ist die Nachahmung als Gegensatz zur Innovation aufgeführt, aber tatsächlich arbeitet sie auf entscheidende Weise mit ihr zusammen. So, wie sich unterwürfige Naturen mit herrischen Individuen vereinen, um die Ordnung und das Funktionieren einer Gesellschaft zu gestalten, so folgt die imitierende Mehrheit der innovierenden Minderheit, und

---

* Anm. d. Red.: Thomas Carlyle (1795–1881) war ein schottischer Historiker und Essayist. In seinem Werk *Über Helden, Heldenverehrung und das Heldische in der Geschichte* verlieh er seiner Verehrung der Stärke Ausdruck und untersuchte das Bildnis von Helden, die als Götter, Propheten, Könige etc. verehrt wurden.

diese folgt dem Individuum mit der initialen Idee dabei, neue Antworten auf die geänderten Erfordernisse der Umwelt oder des Überlebens zu finden und ihre Reaktionen anzupassen. Geschichte ist im Grunde der Konflikt zwischen Minderheiten. Die Mehrheit applaudiert dem Sieger und liefert das menschliche Material für das soziale Experiment.

Der Intellekt ist also eine unverzichtbare Kraft in der Geschichte, aber er kann auch eine auflösende und zerstörerische Kraft sein. Von hundert neuen Ideen werden wahrscheinlich neunundneunzig oder mehr den traditionellen Antworten, die sie ersetzen sollen, unterlegen sein. Kein Mensch, wie brillant oder gut informiert er auch sein mag, kann in seiner Lebensspanne zu einem so umfassenden Verständnis gelangen, dass er die Bräuche oder Institutionen seiner Gesellschaft sicher beurteilen und verwerfen kann, denn diese entsprechen der Weisheit von Generationen nach jahrhundertelangen Experimenten im Laboratorium der Geschichte. Ein Jugendlicher, in dem die Hormone brodeln, wird sich fragen, warum er seinen sexuellen Begierden nicht freien Lauf geben sollte. Wenn er nicht von Sitte, Moral und Gesetzen im Zaum gehalten wird, könnte er sein Leben ruinieren, bevor er reif genug ist, zu verstehen, dass Sex ein Fluss aus Feuer ist, der durch hundert Hemmnisse in Bahnen gelenkt und gekühlt werden muss, wenn er nicht sowohl den Einzelnen als auch die Gruppe verzehren soll.

Der Konservative, der sich dem Wandel widersetzt, ist also genauso wertvoll wie der Radikale, der ihn vorschlägt – er ist vielleicht sogar um so viel wertvoller, wie Wurzeln für eine Pflanze lebenswichtiger sind als aufgepfropfte Zweige. Es ist gut, dass neue Ideen Gehör finden, um der wenigen willen, die man verwenden kann. Aber es ist auch gut, dass neue Ideen dazu gezwungen sind, die Mühle der Bedenken, des Widerspruchs und des Spotts zu durchlaufen. Dies sind die Härtetests, die Innovationen überstehen müssen, bevor sie auf die Menschheit losgelassen werden dürfen. Es ist gut, dass die Alten den Jungen Widerstand leisten und dass die Jungen die Alten anstacheln. Wie aus dem Streit zwischen den Geschlechtern und den Klassen erwächst aus diesem Spannungsfeld eine schöpferische Zugkraft, ein angeregter Entwicklungsprozess, eine geheime und grundlegende Einheit und Bewegung des Ganzen.

VI. MORAL UND GESCHICHTE

Moral besteht aus den Regeln, nach denen eine Gesellschaft ihre Mitglieder und Vereinigungen zu einem Verhalten mahnt (so wie Gesetze die Regeln sind, mit denen sie versucht, ihre Mitglieder und Vereinigungen zu einem Verhalten zu zwingen), das mit ihrer Ordnung, Sicherheit und ihrem Wachstum vereinbar ist. So bewahrten die jüdischen Enklaven in der Christenheit durch einen strengen und detaillierten Moralkodex sechzehn Jahrhunderte lang ihr Fortbestehen und ihren inneren Frieden, fast ohne Hilfe des Staates und seiner Gesetze.

Eine geringe Geschichtskenntnis betont die Variabilität der Moralvorstellungen und führt zu dem Schluss, dass sie vernachlässigbar wären, weil sie sich zeitlich und räumlich unterscheiden und manchmal widersprechen. Ein größeres Wissen betont die Universalität der Moralvorstellungen und kommt zu dem Schluss, dass sie notwendig sind.

Moralische Codes unterscheiden sich, weil sie sich an Umwelt- und historische Bedingungen anpassen. Wenn wir die Wirtschaftsgeschichte in drei Phasen – Jagd, Landwirtschaft, Industrie – unterteilen, können wir davon ausgehen, dass sich der Moralkodex von einer Phase zur nächsten geändert hat. In der Jagdphase musste ein Mann bereit sein, zu jagen, zu kämpfen und zu töten. Wenn er seine Beute gefangen hatte, aß er so viel, wie sein Magen fassen konnte, weil er nicht wusste, wann er wieder etwas zu essen bekam. Unsicherheit ist die Mutter der Gier. Und grausam ist die Erinnerung – wenn auch nur im Blute – an eine Zeit, in der die Überlebenschancen von der Fähigkeit zum Töten abhingen (wie heutzutage im Krieg zwischen den beteiligten Staaten). Vermutlich war die Sterblichkeitsrate bei Männern – die bei der Jagd oft ihr Leben riskierten – höher als bei Frauen. Einige Männer mussten sich daher mehrere Frauen nehmen und von jedem Mann wurde erwartet, dass er den Frauen half, immer wieder schwanger zu werden. Kampflust, Brutalität, Gier und sexuelle Bereitschaft waren Vorteile im Kampf ums Überleben. Wahrscheinlich war jedes Laster einmal eine Tugend – also eine Eigenschaft, die das Überleben des Einzelnen, der Familie oder der Gruppe sicherte. Die menschlichen Sünden sind vielleicht eher die Relikte des menschlichen Aufstiegs als die Stigmata seiner Fehler.

Wir kennen nicht den genauen Zeitpunkt, ab dem der Mensch von der Jagd zur Landwirtschaft überging – vielleicht in der Jungsteinzeit und durch die Entdeckung, dass man Getreide säen und somit dessen Menge im Vergleich zum natürlichen Vorkommen von Wildweizen erhöhen kann. Wir können jedoch berechtigterweise annehmen, dass diese neue vorherrschende Wirtschaftsform neue Tugenden erforderte und einige alte Tugenden zu Lastern werden ließ. Fleiß wurde wichtiger als Tapferkeit; regelmäßiges Arbeiten und Wirtschaftlichkeit wurden profitabler als Gewalt; im Frieden lag größerer Triumph als im Krieg. Kinder waren wirtschaftliches Vermögen, Methoden zur Geburtenkontrolle galten als unmoralisch. Auf dem Bauernhof war die Familie eine Produktionseinheit, die dem Vater und den Jahreszeiten unterstand, und die väterliche Autorität beruhte auf einer festen wirtschaftlichen Grundlage. Die Söhne wurden in der Regel schon früh reif und selbstständig, so verstanden sie mit fünfzehn Jahren die körperlichen Aufgaben des Lebens ebenso gut, wie sie sie mit vierzig verstehen würden. Alles, was sie brauchten, waren Land, ein Pflug und ein williger Arm. Sie heirateten früh, fast sobald die Natur es wünschte, und ärgerten sich nicht lange über die Beschränkungen in Bezug auf voreheliche Beziehungen, die die neue Ordnung, entstanden aus der Sesshaftigkeit, ihnen auferlegte. Was junge Frauen betraf, so war Keuschheit unabdingbar, andernfalls hätten sie eine schutzlose Mutterschaft riskiert. Die Geschlechter waren nun zahlenmäßig ungefähr ausgeglichen, wodurch sich die Monogamie durchsetzte. Eintausendfünfhundert Jahre lang hielt sich dieser landwirtschaftliche Moralkodex der Enthaltsamkeit, der frühen Heirat, der scheidungslosen Monogamie und der mehrfachen Mutterschaft im christlichen Europa und in seinen weißen Kolonien. Es war ein strenger Kodex, der einige der stärksten Charaktere der Geschichte hervorbrachte.

Allmählich, dann rasch und immer weitergehend veränderte die industrielle Revolution die wirtschaftliche Form und den moralischen Überbau des europäischen und amerikanischen Lebens. Männer, Frauen und Kinder verließen ihr Heim, ihre Familie, Autorität und Einheit, um als Einzelpersonen, individuell bezahlt, in Fabriken zu arbeiten, die keine Menschen, sondern Maschinen beherbergten. Mit jedem Jahrzehnt vervielfachten sich die Maschinen und wurden komplexer. Die Menschen erreichten die wirtschaftliche Reife (die Fähigkeit, eine Familie zu ernähren) später als zuvor. Kinder waren nicht länger ein wirtschaftliches Vermögen, das Heiratsalter stieg und die voreheliche Enthaltsamkeit ließ sich immer schwieriger aufrechterhalten. Die Stadt ließ die Ehe nicht länger erstrebenswert erscheinen, dafür bot sie alle denkbaren Anreize und Möglichkeiten für Sex. Die Frauen wurden »emanzipiert«, das heißt, industrialisiert, und Verhütungsmittel ermöglichten es ihnen, Geschlechtsverkehr und Schwangerschaft voneinander zu trennen. Die Autorität von Vater und Mutter verlor durch den wachsenden Individualismus in

Industrienationen ihre wirtschaftliche Basis. Die rebellische Jugend war nicht mehr durch die Überwachung im Dorf eingeschränkt, sondern konnte in der schützenden Anonymität der städtischen Menge sündigen. Der Fortschritt der Wissenschaft hob die Autorität des Reagenzglases über die des Bischofsstabes, die Mechanisierung der wirtschaftlichen Produktion legte mechanistisch-materialistische Philosophien nahe, die Erziehung verbreitete religiöse Zweifel, die Moral verlor mehr und mehr ihre übernatürlichen Stützen. Der alte landwirtschaftliche Moralkodex begann zu sterben.

Heutzutage, wie schon zu Zeiten von Sokrates (gest. 399 v. Chr.) und Augustus (gest. 14 n. Chr.), hat der Krieg die Kräfte, die für moralische Laxheit sorgen, noch verstärkt. Nach der Gewalt und dem sozialen Zerfall, die der Peloponnesische Krieg mit sich gebracht hatte, fühlte sich Alkibiades frei, den Moralkodex seiner Vorfahren zu missachten, und Thrasymachos konnte verkünden, dass Macht das einzig wahre Recht sei. Nach den Kriegen von Marius und Sulla, Caesar und Pompeius, Antonius und Octavius war »Rom voller Männer, die ihre wirtschaftliche Grundlage und ihre moralische Stabilität verloren hatten: Soldaten, die das Abenteuer gekostet und das Töten gelernt hatten; Bürger, deren Ersparnisse von den Steuern und der Inflation, die der Krieg verursacht hatte, aufgezehrt worden waren; ... Frauen, denen die Freiheit zu Kopf gestiegen war, was die Zahl der Scheidungen, Abtreibungen und Ehebrüche vervielfachte ... Eine oberflächliche Kultiviertheit rühmte sich ihres Pessimismus und Zynismus.«[15] Das entspricht fast dem Bild der europäischen und amerikanischen Städte nach zwei Weltkriegen.

Die Geschichte bietet einen gewissen Trost, indem sie uns daran erinnert, dass das Sündigen in jedem Zeitalter aufgeblüht ist. Selbst unsere Generation hat es noch nicht mit der Popularität des Homosexualismus im antiken Griechenland oder Rom oder im Italien der Renaissance aufgenommen.* »Die Humanisten schrieben mit einer Art wissenschaftlicher Zuneigung darüber, und Ariosto urteilte, dass sie alle süchtig danach waren«; Aretino bat den Herzog von Mantua, ihm einen attraktiven Jungen zu schicken.[16] Prostitution ist seit jeher allgegenwärtig und universell, von den staatlich regulierten Bordellen in Assyrien[17] bis zu den »Nachtclubs« westeuropäischer und amerikanischer Städte heute. Im Jahr 1544 wurde in der Universität Wittenberg laut Luther »der Wettlauf der Mädchen immer kühner, sie laufen den Burschen in ihre Zimmer und Kammern und wohin auch immer sie können hinterher und bieten ihnen ihre freie Liebe an«.[18] Montaigne erzählt uns, dass zu seiner Zeit (1533–1592) obszöne Literatur einen bereitwilligen Markt fand.[19] Die Unsittlichkeit unserer Bühne unterscheidet sich eher in der Art als im Grad von der Englands während der Stuart-Restauration, und John Clelands *Die Memoiren der Fanny Hill* (Originaltitel: *Memoirs of a Woman of Pleasure*) – eine Aneinanderreihung der Formen des Beischlafs – waren 1749 ebenso populär wie 1965.[20] Bei Ausgrabungen in der Nähe der Stätte von Niniveh wurden Würfel gefunden.[21] In jedem Zeitalter haben Männer und Frauen gespielt, und in jedem Zeitalter waren Menschen unehrlich und Regierungen korrupt – heutzutage wahrscheinlich weniger als früher. Flugblätter im Europa des 16. Jahrhunderts »prangerten die groß angelegte Verschneidung von Lebensmitteln und Fälschung anderer Produkte an«.[22] Der Mensch hat sich nie mit den Zehn Geboten angefreundet. Wir haben Voltaires Sicht der Geschichte hauptsächlich als »eine Sammlung von Verbrechen, Torheiten und Unglücke« der Menschheit gesehen,[23] und Gibbons Echo dieser Zusammenfassung.[24]

* Anm. d. Red.: Dieser Abschnitt lässt Homosexualität als Sünde erscheinen, was im Kontext der damaligen Zeit nachvollziehbar, heute jedoch mehr als überholt ist.

Wir müssen uns noch einmal daran erinnern, dass Geschichte, wie sie üblicherweise geschrieben wird (*peccavimus*)*, ganz anders ist als Geschichte, wie sie üblicherweise gelebt wird: Der Historiker dokumentiert das Außergewöhnliche, weil es interessant ist, weil es außergewöhnlich ist. Wenn alle Personen ihren zahlenmäßig angemessenen Platz auf den Seiten der Historiker gefunden hätten, dann hätten wir einen langweiligeren, aber angemesseneren Blick auf die Vergangenheit und auf die Menschheit. Hinter der roten Fassade von Krieg und Politik, Unglück und Armut, Ehebruch und Scheidung, Mord und Selbstmord verbargen sich Millionen ordentlicher Häuser, hingebungsvolle Ehen, Männer und Frauen, die freundlich und liebevoll, besorgt und mit ihren Kindern glücklich waren. Selbst in der aufgezeichneten Geschichte finden wir zahlreiche Fälle von Gutherzigkeit, sogar von Großzügigkeit, dass wir die Sünden zwar nicht vergessen, jedoch vergeben können. Die Gaben der Nächstenliebe haben die Grausamkeiten auf Schlachtfeldern und in Gefängnissen beinahe ausgeglichen. Wie oft haben wir selbst in unseren skizzenhaften Erzählungen gesehen, wie Männer sich gegenseitig halfen – Farinelli sorgte für die Kinder von Domenico Scarlatti, mehrere Menschen standen dem jungen Haydn bei, Conte Litta bezahlte die Studien Johann Christian Bachs in Bologna, Joseph Black leitete wiederholt Geld an James Watt weiter, Puchberg lieh ein ums andere Mal Mozart Geld. Wer wird es wagen, die Geschichte der menschlichen Güte zu schreiben?

Wir können uns also nicht sicher sein, ob die moralische Laxheit unserer Zeit eher ein Vorbote des Verfalls ist oder ein schmerzhafter oder erfreulicher Übergang zwischen einem Moralkodex, der seine

* Anm. d. Red.: *peccavimus* (lat. für »wir haben gesündigt«, »wir haben einen Fehler gemacht«) wird hier verwendet, um zu zeigen, dass in der dokumentierten Geschichte alles Schlimme, Tragische dargestellt wird.

landwirtschaftliche Grundlage verloren hat, und einem anderen, den unsere industrielle Zivilisation erst noch in die soziale Ordnung und Normalität hineinschmieden muss. Unterdessen versichert uns die Geschichte, dass Zivilisationen recht gemächlich zerfallen. Auch nachdem die moralische Schwächung in Griechenland durch die Sophisten begonnen hatte, hat die griechische Zivilisation noch 250 weitere Jahre lang Meisterwerke der Literatur und Kunst hervorgebracht. Die römische Moral begann bald nach dem Einmarsch der zuvor bezwungenen Griechen in Italien (146 v. Chr.) zu »verfallen«, aber in Rom gab es bis zum Tod von Marcus Aurelius (180 n. Chr.) weiterhin große Staatsmänner, Philosophen, Dichter und Künstler. Politisch befand sich Rom auf dem Tiefpunkt, als Caesar an die Macht kam (60 v. Chr.), dennoch erlag es bis 465 n. Chr. nicht ganz den Barbaren. Mögen wir so lange brauchen, um zu fallen, wie das kaiserliche Rom!

Vielleicht wird die Disziplin in unserer Zivilisation durch die für die Herausforderungen des Krieges erforderliche militärische Ausbildung wiederhergestellt. Die Freiheit eines Teils variiert mit der Sicherheit des Ganzen. Mit dem Wegfall des geografischen Schutzes wird der Individualismus in Amerika und England abnehmen. Die sexuelle Freizügigkeit kann sich durch ihren eigenen Exzess kurieren. Unsere ungebundenen Kinder werden vielleicht erleben, dass Ordnung und Bescheidenheit wieder in Mode kommen. Kleidung wird anziehender sein als Nacktheit. In der Zwischenzeit bringt unsere moralische Freiheit große Vorteile mit sich: Es ist angenehm, von theologischem Terror befreit zu sein, ohne Skrupel die Freuden genießen zu können, die weder anderen noch uns selbst schaden, und einen frischen Lufthauch auf unserem freigesetzten Fleisch zu spüren.

VII. RELIGION UND GESCHICHTE

Selbst ein skeptischer Historiker entwickelt Demut und Respekt vor Religion, da er erkennt, dass sie in jedem Land und in jedem Zeitalter funktioniert hat und anscheinend unentbehrlich war. Den Unglücklichen, den Leidenden, den Hinterbliebenen, den Alten hat sie überirdischen Trost gebracht, der von Millionen Menschen als kostbarer geschätzt wird als jede irdische Hilfe. Sie hat Eltern und Lehrern geholfen, die Jugend zu disziplinieren. Sie hat jeder einzelnen Existenz Sinn und Würde verliehen und durch ihre Sakramente für Stabilität gesorgt, indem sie den menschlichen Bund fürs Leben in eine feierliche Beziehung mit Gott verwandelt hat. Sie hat die Armen (laut Napoleon) davon abgehalten, die Reichen zu ermorden. Denn da die natürliche Ungleichheit der Menschen viele von uns zu Armut oder zum Scheitern verdammt, könnte eine übernatürliche Hoffnung die einzige Alternative zur Verzweiflung sein. Zerstört man diese Hoffnung, verschärft sich der Klassenkampf und der Krieg wird intensiviert. Himmel und Utopie sind wie zwei Eimer in einem Brunnen: Sinkt das eine, steigt das andere auf; schwindet die Religion, wächst der Kommunismus.

Religion scheint auf den ersten Blick nichts mit Moral zu tun gehabt zu haben. Anscheinend (denn wir raten nur, oder wiederholen Petronius, der wiederum Lukrez nachplapperte) »entstanden die Götter zunächst aus Furcht«[25] – Furcht vor verborgenen Kräften in der Erde, in Flüssen, Ozeanen, Bäumen, Winden und im Himmel.

Die Religion wollte diese Kräfte durch Opfergaben, Opferungen, Beschwörungen und Gebete versöhnlich stimmen. Erst als die Priester diese Ängste und Rituale nutzten, um Moral und Recht zu fördern, wurde Religion zu einer zentralen, rivalisierenden Kraft im Staat. Sie machte dem Volk weis, dass der örtliche Moral- und Gesetzeskodex von den Göttern diktiert worden sei. Sie erklärte, der Gott Thot habe Menes Gesetze für Ägypten gegeben, der Gott Schamasch habe Hammurabi einen Kodex für Babylonien gegeben, Yahveh habe Moses die Zehn Gebote und 613 Mitzwa für die Juden gegeben und die göttliche Nymphe Egeria habe Numa Pompilius Gesetze für Rom gegeben. Heidnische Kultzirkel und christliche Glaubensrichtungen verkündeten, dass die irdischen Herrscher von den Göttern ernannt und geschützt würden. Dankbar teilte der Staat fast immer seine Ländereien und Einkünfte mit den Priestern.

Manche bezweifeln, dass Religion jemals die Moral gefördert habe, da die Unmoral selbst in Zeiten religiöser Herrschaft gediehen sei. Sicherlich gab es im Mittelalter Wollust, Trunkenheit, Derbheit, Gier, Unehrlichkeit, Raub und Gewalt, aber wahrscheinlich wäre die moralische Verwerfung, die aus einem halben Jahrtausend barbarischer Invasion, Krieg, wirtschaftlicher Verwüstung und politischer Desorganisation entstanden ist, ohne die mäßigende Wirkung der christlichen Ethik, priesterlichen Ermahnungen, heiligen Vorbilder und eines beruhigenden, einenden Rituals viel schlimmer gewesen. Die römisch-katholische Kirche bemühte sich, Sklaverei, Familienfehden und nationale Streitigkeiten einzudämmen, die Intervalle von Waffenstillstand und Frieden zu verlängern und Strafverfahren durch Kampf oder Folter durch die Urteile etablierter Gerichte zu ersetzen. Sie milderte die vom römischen oder barbarischen Rechtssystem verhängten Strafen und weitete den Umfang und die Organisation der Wohltätigkeit erheblich aus.

Obwohl die Kirche dem Staat diente, behauptete sie, über allen Staaten zu stehen, da die Moral über der Macht stehe. Sie lehrte die Menschen, dass Patriotismus, der nicht durch eine höhere Loyalität gezügelt werde, ein Werkzeug der Gier und des Verbrechens sein könne. Sie verkündete ein einziges Moralgesetz, das für alle konkurrierenden Regierungen des Christentums gelte. Mit dem Anspruch auf göttlichen Ursprung und geistliche Hegemonie bot sich die Kirche als internationaler Gerichtshof an, vor dem alle Herrscher moralisch verantwortlich sein sollten. Kaiser Heinrich IV. erkannte diesen Anspruch an, indem er sich Papst Gregor VII. in Canossa (1077) unterwarf. Ein Jahrhundert später erhob Innozenz III. die Autorität und das Ansehen des Papsttums auf einen neuen Höhepunkt, an dem es schien, als sei Gregors Ideal eines moralischen Superstaates wahr geworden.

Der majestätische Traum zerbrach unter den Angriffen vonseiten des Nationalismus, des Skeptizismus und aufgrund menschlicher Schwäche. Viele der Männer, mit denen die Kirche besetzt war, erwiesen sich als voreingenommen, bestechlich oder erpresserisch. Frankreich gewann an Reichtum und Macht und machte das Papsttum zu seinem politischen Werkzeug. Könige wurden so stark, dass sie einen Papst dazu nötigen konnten, den Jesuitenorden aufzulösen, der die Päpste zuvor so hingebungsvoll unterstützt hatte. Die Kirche neigte zu Betrug, etwa bei religiösen Legenden, falschen Reliquien und fragwürdigen Wundern. Jahrhundertelang profitierte sie von einer mythischen »Konstantinischen Schenkung«, durch die Westeuropa angeblich Papst Silvester I. (reg. 314–335) und seinen Nachfolgern vermacht worden war, und von »falschen Dekretalen« (auch: pseudoisidorische Dekretale; etwa 842), einer ganzen Reihe gefälschter Dokumente, die das Ziel hatten, der päpstlichen Allmacht eine heilige Grundlage zu geben.[26] Mehr und mehr verwandten die Obrigen ihre Energien darauf, eher eine strenge Gläubigkeit als die Moral zu fördern, und die Inquisition brachte der Kirche eine beinahe fatale Schande. Selbst während sie Frieden predigte, schürte die Kirche Religionskriege im Frankreich des 16. Jahrhunderts und den Dreißigjährigen Krieg im Deutschland des 17. Jahrhunderts. Sie spielte nur eine bescheidene Rolle bei dem herausragenden Fortschritt der modernen Moral – der Abschaffung der Sklaverei. Sie überließ den Philosophen die Führung in den humanitären Bewegungen, die die Übel unserer Zeit gemildert haben.

Die Geschichte hat der Kirche in ihrem Glauben recht gegeben, dass ein Großteil der Menschheit eine Religion wünscht, die reich an Wundern, Mysterien und Mythen ist. Einige geringfügige Änderungen wurden zugelassen, etwa in den Ritualen, in der kirchlichen Tracht und in der bischöflichen Autorität; aber die Kirche wagt es nicht, die Glaubenssätze zu ändern, die von der Vernunft belächelt werden, denn solche Änderungen würden die Millionen, deren Hoffnungen an inspirierende und tröstende Vorstellungen geknüpft sind, beleidigen und enttäuschen. Eine Versöhnung zwischen Religion und Philosophie ist nur möglich, wenn die Philosophen eingestehen, dass sie keinen Ersatz für die moralische Funktion der Kirche gefunden haben, und durch die kirchliche Anerkennung der religiösen und intellektuellen Freiheit.

Stützt die Geschichte einen Glauben an Gott? Wenn wir mit Gott nicht die schöpferische Kraft der Natur meinen, sondern ein allmächtiges Wesen, das intelligent und wohlwollend ist, muss die Antwort widerwillig Nein lauten. Wie andere Fachbereiche der Biologie, so ist auch die Geschichte im Grunde eine natürliche Auswahl der fähigsten Individuen und Gruppen in einem Kampf, in dem das Gute nicht bevorzugt wird, Unglück im Überfluss vorhanden ist und die abschließende Prüfung aus der Fähigkeit zum Überleben besteht.

Fügt man zu den Verbrechen, Kriegen und Grausamkeiten des Menschen noch die Erdbeben, Stürme, Tornados, Seuchen, Flutwellen und andere »Taten Gottes« hinzu, die periodisch menschliches und tierisches Leben auslöschen, so legt die gesamte Beweislage entweder eine blinde oder unparteiische letzte Instanz nahe, mit zufälligen und anscheinend willkürlichen Vorfällen, denen wir subjektiv Ordnung, Pracht, Schönheit oder Erhabenheit zuschreiben. Sollte die Geschichte irgendeine Theologie unterstützen, dann wäre dies ein Dualismus wie der Zoroastrismus oder der Manichäismus: ein guter Geist und ein böser Geist, die um die Kontrolle über das Universum und die Seelen der Menschen kämpfen. Diese Glaubensrichtungen und das Christentum (das im Wesentlichen manichäisch ist) versicherten ihren Anhängern stets, dass der gute Geist am Ende siegen würde, aber für diesen Ausgang bietet die Geschichte keine Garantie. Natur und Geschichte stimmen nicht mit unseren Vorstellungen von Gut und Böse überein. Sie definieren das Gute als das, was überlebt, und das Böse als das, was untergeht. Das Universum zieht nicht Christus einem Dschingis Khan vor.

Das wachsende Bewusstsein darüber, wie winzig der Platz des Menschen im Kosmos ist, hat den Rückgang des religiösen Glaubens vorangetrieben. In der Christenheit können wir den Beginn des Niedergangs auf Kopernikus (1543) datieren. Der Prozess verlief langsam, aber bereits 1611 trauerte John Donne darüber, dass die Erde zu einem bloßen »Außenbezirk« in der Welt geworden sei und dass »die neue Philosophie alles in Zweifel zieht«; Francis Bacon verkündete, während er gelegentlich seinen Hut vor den Bischöfen zog, die Wissenschaft sei die Religion des modernen emanzipierten Menschen. In dieser Generation begann der »Tod Gottes« als externe Gottheit.

Eine so große Wirkung beruhte nicht nur auf der Verbreitung von Wissenschaft und historischem Wissen, sondern hatte viele Ursachen. Zunächst die protestantische Reformation, die ursprünglich die private Meinung und das private Urteil verteidigte. Darüber hinaus die Vielschichtigkeit protestantischer Sekten und widersprüchlicher Theologien, die jeweils sowohl der Heiligen Schrift als auch der Vernunft widersprachen. Darüber hinaus die hochgradige Kritik an der Bibel, die diese sagenhafte Schriftsammlung als das unvollkommene Werk fehlbarer Menschen darstellte. Darüber hinaus die deistische Bewegung in England, die die Religion auf einen vagen Glauben an einen Gott reduziert, der kaum von der Natur zu unterscheiden ist. Darüber hinaus das wachsende Wissen über andere Religionen, deren Mythen – von denen viele aus vorchristlicher Zeit stammten – den angeblich faktischen Grundlagen des eigenen Glaubensbekenntnisses erschreckend ähnelten. Darüber hinaus die protestantische Entlarvung katholischer Wunder, die deistische Entlarvung biblischer Wunder, die allgemeine Entlarvung von Betrügereien, Inquisitionen und Massakern in der Religionsgeschichte. Darüber hinaus die Ablösung der Landwirtschaft – die die Menschen durch die jährliche Wiedergeburt des Lebens und das Geheimnis des Wachstums zum Glauben angeregt hatte – durch die Industrie, die tagein, tagaus eine maschinelle Litanei herunterrasselt und eine Weltmaschine suggeriert. Zudem traten immer mehr Gelehrte vor und äußerten sich kritisch, zum Beispiel Bayle, und die pantheistische Philosophie kam auf, etwa durch Spinoza. Hinzu kamen außerdem der massive Angriff der französischen Aufklärung auf das Christentum, der Aufstand von Paris gegen die Kirche während der Französischen Revolution und in unserer Zeit das wahllose Abschlachten der Zivilbevölkerung im modernen Krieg. Und schließlich die gewaltigen Triumphe der wissenschaftlichen Technologie, die dem Menschen Allmacht und Zerstörung versprach und die göttliche Herrschaft über den Himmel infrage stellte.

In gewisser Weise hat das Christentum gegen sich selbst gekämpft, indem es in vielen Christen ein moralisches Empfinden weckte, das den rachsüchtigen Gott der traditionellen Theologie nicht länger ertragen konnte. Die Vorstellung einer Hölle verschwand aus dem gebildeten Denken, sogar aus den Predigten von der Kanzel. Presbyterianer schämten sich des Bekenntnisses von Westminster, das sie zum Glauben an einen Gott verpflichtet hatte, der Milliarden von Männern und Frauen erschaffen hatte, obwohl ihm im Voraus klar gewesen war, dass ihnen ungeachtet ihrer Tugenden und Verbrechen die ewige Hölle vorherbestimmt war. Gebildete Christen, die die Sixtinische Kapelle besuchten, waren schockiert über Michelangelos Bild von Christus, der Missetäter in ein Inferno schleuderte, dessen Flammen niemals erlöschen sollten. Sollte dies der »freundliche Jesus, sanftmütig und milde« sein, der uns in unserer Jugend inspirierte? Genau so, wie die moralische Entwicklung der Hellenen ihren Glauben an die streitsüchtigen und ehebrecherischen Gottheiten des Olymps geschwächt hatte (»Ein gewisser Teil der Menschheit«, schrieb Platon, »glaubt überhaupt nicht an die Existenz von Göttern«[27]), so erodierte die Entwicklung der christlichen Ethik langsam die christliche Theologie. Christus zerstörte Jehova.

Die Ablösung der christlichen durch säkulare Institutionen ist das wesentliche und krönende Ergebnis der industriellen Revolution. Dass Staaten versuchen, auf theologische Stützen zu verzichten, ist eines der vielen entscheidenden Experimente, die unsere Gehirne verwirren und uns heute verunsichern. Gesetze, die einst als Dekrete eines gottgegebenen Königs dargestellt wurden, sind heute offen gesagt die verwirrten Befehle fehlbarer Menschen.

Erziehung und Bildung, die die heilige Domäne der von Gott beseelten Priester waren, werden nun von Männern und Frauen ausgeübt, die frei von theologischen Gewändern und Ehrfurcht sind und sich auf Vernunft und Überzeugungskraft stützen, um junge Rebellen zu zivilisieren, die niemanden als die Polizei fürchten und vielleicht niemals Vernunft lernen werden. Die Hochschulen, die einst mit den Kirchen verbündet waren, wurden von Geschäftsleuten und Wissenschaftlern übernommen. Der Propaganda des Patriotismus, Kapitalismus oder Kommunismus gelingt es, den Menschen ein übernatürliches Glaubensbekenntnis und einen übernatürlichen Moralkodex einzuschärfen. Die Feiertage weichen anderen Feiertagen. Die Theater sind selbst an Sonntagen voll, und selbst an Sonntagen sind die Kirchen halb leer. In angelsächsischen Familien ist Religion zu einem gesellschaftlichen Ereignis und einer schützenden Tarnung geworden, in amerikanischen katholischen Familien blüht sie auf, in der Ober- und Mittelschicht Frankreichs und Italiens ist Religion »ein sekundäres Sexualattribut der Frau«. Tausend Zeichen deuten darauf hin, dass das Christentum den gleichen Niedergang erlebt, der mit der Ankunft der Sophisten und mit der griechischen Aufklärung über die alte griechische Religion hereingebrochen war.

Der Katholizismus überlebt, weil er die Vorstellungskraft, die Hoffnung und die Sinne anspricht, weil seine Mythologie die Armen tröstet und deren Leben erhellt, und weil die Gläubigen durch die ihnen befohlene Fortpflanzung langsam den durch die Reformation verlorenen Boden zurückgewinnen. Der Katholizismus hat die Aufrechterhaltung einer intellektuellen Gemeinschaft geopfert und leidet durch den Kontakt mit säkularer Bildung und Literatur zunehmend unter Mitgliederschwund, aber er gewinnt auch Seelen hinzu, die von der Ungewissheit der Vernunft erschöpft sind oder die hoffen, dass die Kirche die innere Unruhe und die kommunistische Welle eindämmen wird.

Sollte ein weiterer großer Krieg die westliche Zivilisation verwüsten, könnten die daraus resultierende Zerstörung der Städte, die Verbreitung der Armut und die Schmach der Wissenschaft die Kirche, wie im Jahre 476 n. Chr., zur einzigen Hoffnung und Richtschnur derer machen, die die Katastrophe überleben.

Eine Lektion vonseiten der Geschichte lautet, dass Religion viele Leben hat und üblicherweise immer wiederaufersteht. Wie oft sind Gott und Religion in der Vergangenheit gestorben und wiedergeboren worden! Echnaton nutzte alle Mittel eines Pharaos, um die Religion von Amon zu zerstören, doch innerhalb eines Jahres nach Echnatons Tod wurde die Religion von Amon wiederhergestellt.[28] Als Buddha jung war, war der Atheismus in Indien weitverbreitet, und Buddha selbst gründete eine Religion ohne Gott – dennoch entwickelte der Buddhismus nach seinem Tod eine komplexe Theologie, die Götter, Heilige und die Hölle einschloss.[29] Philosophie, Wissenschaft und Bildung entvölkerten das hellenische Pantheon, aber das Vakuum zog ein Dutzend orientalischer Glaubensrichtungen an, die reich an Auferstehungsmythen waren. Im Jahre 1793 begründeten Hébert und Chaumette, die Voltaire falsch interpretierten, in Paris die atheistische Verehrung der Göttin der Vernunft; ein Jahr später rief Robespierre, der Chaos befürchtete und durch Rousseau inspiriert war, die Verehrung des höchsten Wesens ins Leben; 1801 unterzeichnete Napoleon, der sich in der Geschichte auskannte, ein Konkordat mit Pius VII. und stellte damit die katholische Kirche in Frankreich wieder her. Die Irreligiosität im England des 18. Jahrhunderts verschwand unter der viktorianischen Übereinkunft mit dem Christentum: Der Staat erklärte sich bereit, die anglikanische Kirche zu unterstützen, und die gebildeten Klassen sollten ihre Skepsis zurückschrauben unter der stillschweigenden Bedingung, dass die Kirche ihre Unterordnung unter den Staat akzeptiere und der Pfarrer demütig dem Edelmann diene. In Amerika hat der Rationalismus der Gründerväter einer religiösen Wiederbelebung im 19. Jahrhundert Platz gemacht.

Puritanismus und Heidentum – die Unterdrückung und der Ausdruck der Gefühle und des Begehrens – wechseln sich in der Geschichte gegenseitig ab. Im Allgemeinen herrschen Religion und Puritanismus in Zeiten vor, in denen das Rechtswesen schwach ist und die Moral die Last der Aufrechterhaltung der sozialen Ordnung tragen muss. Skepsis und Heidentum (andere Faktoren sind gleichwertig) gewinnen an Einfluss, wenn die wachsende Macht von Rechtswesen und Regierung den Niedergang der Kirche, der Familie und der Moral zulässt, ohne die Stabilität des Staates grundsätzlich zu gefährden. Heutzutage hat sich die Stärke des Staates mit den verschiedenen oben genannten Kräften vereint, damit Glaube und Moral nachlassen und das Heidentum seinen natürlichen Einfluss zurückerhält. Wahrscheinlich werden unsere Exzesse eine gegenläufige Reaktion auslösen: Das moralische Chaos könnte eine Wiederbelebung der Religion hervorrufen, Atheisten könnten (wie in Frankreich nach dem Debakel von 1870) ihre Kinder wieder in katholische Schulen schicken, um ihnen die Disziplin des religiösen Glaubens aufzuzwingen. Lesen Sie hier den Appell des Agnostikers Renan aus dem Jahr 1866:

> Genießen wir die Freiheit der Söhne Gottes, aber passen wir auf, dass wir nicht dazu beitragen, die Tugendhaftigkeit zu schwächen, denn es würde die Gesellschaft bedrohen, wenn das Christentum schwach würde. Wie sollten wir ohne es zurechtkommen? … Wenn der Rationalismus die Welt ohne

> Rücksicht auf die religiösen Bedürfnisse der Seele regieren will, so lehrt uns die Erfahrung der Französischen Revolution die Folgen eines solchen Fehlers.[30]

Rechtfertigt die Geschichte die Schlussfolgerung Renans, dass Religion für die Moral notwendig ist – dass eine natürliche Ethik zu schwach ist, um der Grausamkeit zu widerstehen, die unter der Zivilisation lauert und in unseren Träumen, Verbrechen und Kriegen auftaucht? Joseph de Maistre sagte dazu: »Ich weiß nicht, wie das Herz eines Schurken sein mag; ich weiß, was im Herzen eines ehrlichen Mannes ist; es ist schrecklich.«[31] Es gibt in der gesamten Geschichte vor unserer Zeit kein bedeutsames Beispiel für eine Gesellschaft, die ein moralisches Leben ohne die Hilfe der Religion aufrechterhalten konnte. Frankreich, die Vereinigten Staaten von Amerika und einige andere Nationen haben eine Trennung von Staat und Kirche vollzogen, aber sie hatten die Hilfe der Religion bei der Aufrechterhaltung der sozialen Ordnung. Nur wenige kommunistische Staaten haben sich nicht nur von der Religion distanziert, sondern auch ihre Hilfe abgelehnt. Vielleicht hat der scheinbare und vorläufige Erfolg dieses Experiments in Russland viel damit zu tun, dass der Kommunismus vorübergehend als Religion (oder, wie Skeptiker sagen würden, als Opium) des Volkes akzeptiert wurde und die Kirche als Trost- und Hoffnungsspender abgelöst hat. Sollte das sozialistische Regime in seinen Bemühungen scheitern, die verhältnismäßige Armut unter den Massen auszurotten, könnte die Leidenschaft für diese neue Religion nachlassen und sie könnte ihre Wirksamkeit verlieren. Als Folge könnte der Staat vor der Wiederherstellung übernatürlicher Überzeugungen die Augen verschließen, um die Unzufriedenheit zu besänftigen. »Solange es Armut gibt, wird es Götter geben.«[32]

VIII. WIRTSCHAFT UND GESCHICHTE

Geschichte ist, so Karl Marx, Ökonomie in Aktion – der Wettkampf zwischen Individuen, Gruppen, Klassen und Staaten um Nahrung, Brennstoff, Rohstoffe und wirtschaftliche Macht. Politische Systeme, religiöse Institutionen sowie kulturelle Werke sind allesamt in der wirtschaftlichen Realität verwurzelt. So brachte die industrielle Revolution Demokratie, Feminismus, Geburtenkontrolle, Sozialismus, den Niedergang der Religion, die Lockerung der Moral, die Befreiung der Literatur aus der Abhängigkeit von aristokratischen Mäzenen sowie die Ablösung der Romantik durch Realismus in der Belletristik mit sich – und ebenso die wirtschaftlich geprägte Interpretation der Geschichte. Die herausragenden Persönlichkeiten in diesen Bewegungen waren Folgen, nicht Ursachen. Man hätte niemals von Agamemnon, Achilles und Hektor gehört, wenn die Griechen nicht die kommerzielle Kontrolle über die Dardanellen angestrebt hätten. Wirtschaftlicher Ehrgeiz, nicht das Gesicht der Helena, »schöner als die Abendluft, gekleidet in den Schmuck von tausend Sternen«, trieb tausend Schiffe vor Ilium ins Wasser. Diese subtilen Griechen wussten, wie sie die nackte wirtschaftliche Wahrheit mit dem Feigenblatt eines Satzes zu überdecken vermochten.

Zweifellos bringt die ökonomische Interpretation viel Licht in die Geschichte. Mit dem Geld der Delianischen Konföderation wurde der Parthenon erbaut, die Schatzkammer von Kleopatras

Ägypten belebte das erschöpfte Italien von Augustus wieder und gab darüber hinaus Vergil eine Rente und Horaz einen Bauernhof. Die Kreuzzüge waren, wie die Kriege Roms mit Persien, Versuche des Westens, Handelswege nach Osten zu erobern. Die Entdeckung Amerikas war eine Folge des Scheiterns dieser Kreuzzüge. Das Bankhaus der Medici finanzierte die florentinische Renaissance, der Handel und die Industrie Nürnbergs machten Dürer möglich. Die Französische Revolution kam nicht deshalb auf, weil Voltaire brillante Satiren und Rousseau sentimentale Romanzen schrieb, sondern weil das Bürgertum zur wirtschaftlichen Führung aufgestiegen war, gesetzgeberische Freiheiten für seine Unternehmen und seinen Handel brauchte und es ihm nach gesellschaftlicher Akzeptanz und politischer Macht dürstete.

Marx behauptete nicht, dass Individuen immer von wirtschaftlichen Interessen angetrieben werden. Er war weit von der Vorstellung entfernt, materielle Überlegungen hätten zu Abélards Romanze oder zum Evangelium Buddhas oder zu den Gedichten von Keats geführt. Aber vielleicht unterschätzte er die Rolle, die nichtwirtschaftliche Anreize für das Verhalten der Massen spielten: religiöse Inbrunst, wie bei den muslimischen oder spanischen Armeen; nationalistischer Eifer, wie bei Hitlers Truppen oder Japans Kamikaze-Spezialtruppen; die sich selbst befruchtende Wut des Pöbels, wie bei den Gordon-Unruhen vom 2. bis 8. Juni 1780 in London oder den Massakern vom 2. bis 7. September 1792 in Paris. In solchen Fällen können die Motive der (meist verborgenen) Anführer wirtschaftlicher Natur sein, aber das Ergebnis wird weitgehend von der Leidenschaft der Masse bestimmt. In vielen Fällen war die politische oder militärische Macht offenbar eher die Ursache als das Ergebnis wirtschaftlicher Operationen, wie bei der Einnahme Russlands durch die Bolschewiki 1917 oder bei den Militärputschen, die die südamerikanische Geschichte durchziehen. Wer würde behaupten, dass die Eroberung Spaniens durch die Mauren oder die Eroberung Westasiens durch die Mongolen oder die Eroberung Indiens durch die Mogule das Ergebnis wirtschaftlicher Macht war? In diesen Fällen erwiesen sich die Armen als stärker als die Reichen. Mit dem militärischen Sieg kam der politische Einfluss, der die wirtschaftliche Kontrolle mit sich brachte. Die Generäle konnten eine militärisch geprägte Interpretation der Geschichte schreiben.

Wenn wir all das berücksichtigen, können wir aus der wirtschaftlichen Analyse der Vergangenheit endlose Anweisungen ableiten. Wir können es so sehen, dass die einfallenden Barbaren Rom als schwach empfanden, weil die landwirtschaftliche Bevölkerung, die früher die Legionen, die um Land kämpften, mit robusten und patriotischen Kriegern versorgt hatte, durch Sklaven ersetzt worden war, die lustlos auf riesigen Bauernhöfen arbeiteten, die nur einem oder wenigen Männern gehörten. Heute können kleine Bauernhöfe die besten, modernen Maschinen nicht mehr gewinnbringend einsetzen, was dazu führt, dass die Landwirtschaft wieder in die Massenproduktion unter kapitalistischem oder kommunistischem Besitz driftet. Es hieß einmal, dass »die Zivilisation ein Parasit auf dem Mann mit der Hacke«[33] sei, aber den Mann mit der Hacke gibt es nicht mehr, er ist jetzt eine »Hand« am Steuer eines Traktors oder eines Mähdreschers. Die Landwirtschaft wird zu einer Industrie, und bald muss sich der Bauer entscheiden, ob er der Angestellte eines Kapitalisten und der Angestellte des Staates sein möchte.*

Am anderen Ende der Skala berichtet die Geschichte, dass »die Menschen, die Menschen verwalten können, die Menschen verwalten, die nur Dinge verwalten können, und dass die Menschen, die

* Anm. d. Red.: Dieser Prozess ist im Verlauf der vergangenen Jahrzehnte noch weiter fortgeschritten.

Geld verwalten können, alles verwalten«.[34] Die Bankiers, die die Trends in Landwirtschaft, Industrie und Handel beobachten, den Kapitalfluss lenken, unser Geld doppelt und dreifach einsetzen, Kredite und Zinsen und Unternehmen kontrollieren, große Risiken eingehen, um große Gewinne zu erzielen, steigen also an die Spitze der Wirtschaftspyramide auf. Von den Medici von Florenz und der Familie Fugger von Augsburg bis zu den Rothschilds von Paris und London und den Morgans von New York saßen Bankiers in den Regierungsräten, finanzierten Kriege und Päpste und entfachten gelegentlich eine Revolution. Vielleicht ist ein Geheimnis ihrer Macht, dass sie, nachdem sie Preisschwankungen studiert haben, wissen, dass Geschichte inflationär ist und dass Geld das Letzte ist, was ein weiser Mann horten wird.

Die Erfahrungen der Vergangenheit lassen wenig Zweifel daran, dass jedes Wirtschaftssystem früher oder später auf irgendeine Form des Profitmotivs angewiesen ist, um Einzelpersonen und Gruppen zur Produktivität zu bewegen. Substitute wie Sklaverei, polizeiliche Überwachung oder ideologischer Enthusiasmus erweisen sich als zu unproduktiv, zu teuer oder zu vergänglich. Normalerweise und generell werden Menschen nach ihrer Fähigkeit zu produzieren beurteilt – außer im Krieg, wo sie nach ihrer Fähigkeit zu zerstören eingestuft werden.

Da sich die praktischen Fähigkeiten von Person zu Person unterscheiden, ist die Mehrheit dieser Fähigkeiten in fast allen Gesellschaften nur in einer Minderheit von Menschen versammelt. Die Konzentration von Reichtum ist ein natürliches Ergebnis dieser Konzentration von Fähigkeiten und taucht in der Geschichte regelmäßig auf. Die Konzentrationsrate variiert (bei gleichbleibenden anderen Faktoren) mit der wirtschaftlichen Freiheit, die Moral und Gesetze erlauben. Despotismus kann die Konzentration eine Zeit lang verzögern, während Demokratie, die die größte Freiheit zulässt, sie beschleunigt. Die relative Gleichheit der Amerikaner vor 1776 wurde durch tausend Formen körperlicher, geistiger und wirtschaftlicher Differenzierung zunichtegemacht, sodass die Kluft zwischen den Reichsten und den Ärmsten heute so groß ist wie noch nie seit dem plutokratischen Rom des Kaiserreichs. In progressiven Gesellschaften kann diese Konzentration einen Punkt erreichen, an dem die Stärke der hohen Anzahl der Armen es mit der Stärke der Fähigkeiten der wenigen Reichen aufnehmen kann. Eine solche Instabilität erzeugt dann eine kritische Situation, der die Geschichte auf unterschiedliche Weise begegnet ist – durch Gesetze zur Umverteilung des Reichtums oder durch Revolutionen, die mehr Menschen in Armut stürzten.

Im Athen des Jahres 594 v. Chr., so Plutarch, »hatte die Kluft zwischen Arm und Reich ihren Höhepunkt erreicht, sodass die Stadt in einem gefährlichen Zustand zu sein schien, und keine andere Möglichkeit, sie vor Unruhen zu schützen … schien möglich, als despotische Macht«.[35] Die Armen, die feststellen mussten, dass sich ihr Status von Jahr zu Jahr verschlechterte – die Regierung war in den Händen ihrer Herren und die korrupten Gerichte entschieden in jeder Frage gegen sie –, begannen, von gewaltsamer Revolte zu sprechen. Die Reichen, wütend über die Bedrohung ihres Besitzes, bereiteten sich darauf vor, sich mit Gewalt zu verteidigen. Letztlich setzte sich der gesunde Menschenverstand durch. Gemäßigte Kräfte sicherten die Wahl von Solon, einem Geschäftsmann aristokratischer Abstammung, zum obersten Beamten Athens. Er entwertete die Währung und entlastete damit alle Schuldner (obwohl er selbst ein Gläubiger war); er reduzierte alle persönlichen Schulden und beendete die Schuldhaft; er strich die Zahlungsrückstände bei Steuern und Hypothekenzinsen; er führte eine gestaffelte Einkommensteuer ein, die die Reichen das Zwölffache der von den Armen geforderten Einkommensteuer zahlen ließ; er reorganisierte die Gerichte auf einer populäreren Grundlage; und er sorgte dafür, dass die Söhne derer, die im Krieg für Athen gefallen waren, auf Kosten der Regierung großgezogen und ausgebildet wurden. Die Reichen protestierten, dass seine Maßnahmen einer regelrechten Enteignung gleichkämen, die Radikalen beklagten sich darüber, dass er das Land nicht neu aufgeteilt hatte, aber innerhalb einer Generation waren sich fast alle darin einig, dass seine Reformen Athen vor einer Revolution gerettet hatten.[36]

Der für seine Weisheit ach so berühmte römische Senat schlug einen kompromisslosen Kurs ein, als sich die Konzentration des Reichtums in Italien einem explosiven Punkt näherte. Das Ergebnis war ein hundertjähriger Klassen- und Bürgerkrieg. Tiberius Gracchus, ein Aristokrat, der als Volkstribun gewählt wurde, schlug vor, Land umzuverteilen, indem der Besitz auf 333 Morgen pro Person begrenzt und überschüssiges Land dem störrischen Proletariat der Hauptstadt zugeteilt werden sollte. Der Senat lehnte seinen Vorschlag ab, da er einer Konfiszierung gleichkäme. Er fand großen Anklang beim Volk, dem er sagte: »Ihr kämpft und sterbt, um anderen Reichtum und Luxus zu verschaffen. Ihr werdet die Herren der Welt genannt, aber es gibt keinen Fußbreit Boden, den ihr euer Eigen nennen könnt.«[37] Entgegen dem römischen Recht kämpfte er für die Wiederwahl zum Tribun. Bei einem Aufstand am Wahltag wurde er getötet (133 v. Chr.). Sein Bruder Caius, der sich für seine Sache einsetzte, konnte ein erneutes Aufflammen der Gewalt nicht verhindern und befahl seinem Diener, ihn zu töten. Der Sklave gehorchte und tötete sich dann selbst (121 v. Chr.). Dreitausend Anhänger von Caius wurden per Senatorendekret hingerichtet. Marius wurde der Anführer des Volkes, zog sich aber zurück, als die

Bewegung sich zu einer Revolution zu steigern drohte. Catilina, der vorschlug, alle Schulden aufzuheben, organisierte eine revolutionäre Armee von »armen Schluckern«. Er wurde von der zornigen Wortgewandtheit Ciceros hinweggefegt und starb im Kampf gegen den Staat (62 v. Chr.). Julius Caesar versuchte einen Kompromiss, wurde aber von den Patriziern (44 v. Chr.) nach fünf Jahren Bürgerkrieg gestürzt. Marcus Antonius verwechselte seine Unterstützung der Politik Caesars mit persönlichen Ambitionen und Romantik. Octavius besiegte ihn bei Actium und gründete das »Prinzipat«, das 210 Jahre lang (30 v. Chr. bis 180 n. Chr.) die Pax Romana sowohl zwischen den Klassen als auch zwischen den Staaten innerhalb der Reichsgrenzen aufrechterhielt.[38]

Nach dem Zusammenbruch der politischen Ordnung im Weströmischen Reich (476 n. Chr.) folgte auf jahrhundertelange Not die langsame Erneuerung und Rekonzentration des Reichtums, teilweise innerhalb der Hierarchie der katholischen Kirche. Die Reformation war auch eine Umverteilung dieses Reichtums durch die Reduzierung der deutschen und englischen Zahlungen an die römische Kirche und durch die säkulare Aneignung von kirchlichem Eigentum und kirchlicher Einkünfte. Die Französische Revolution versuchte eine gewaltsame Umverteilung des Vermögens durch den Aufstand der Bauern auf dem Land und die Massaker in den Städten, aber das Hauptergebnis war eine Übertragung von Eigentum und Privilegien von der Aristokratie auf die Bourgeoisie. Die Regierung der Vereinigten Staaten folgte 1933 bis 1952 und 1960 bis 1965 den friedlichen Methoden Solons und erreichte eine gemäßigte und befriedende Umverteilung; vielleicht hatte hier jemand Geschichte studiert. Die Oberschicht in Amerika fluchte, fügte sich schließlich und nahm die Konzentration des Reichtums wieder auf.

Wir kommen zu dem Schluss, dass die Konzentration von Reichtum natürlich und unvermeidlich ist und periodisch durch gewaltsame oder friedliche in Teilen stattfindende Umverteilung gemildert wird. So betrachtet ist die gesamte Wirtschaftsgeschichte der langsame Herzschlag des Sozialorganismus, eine ausgedehnte Systole und Diastole der Reichtumskonzentration und der erzwungenen Rückführung in den Gesamtkreislauf.

IX. SOZIALISMUS UND GESCHICHTE

Der Kampf des Sozialismus gegen den Kapitalismus ist Teil des historischen Rhythmus der Konzentration und Verteilung von Reichtum. Natürlich hat der Kapitalist in der Geschichte eine schöpferische Funktion erfüllt: Er hat die Ersparnisse des Volkes durch das Versprechen von Dividenden oder Zinsen in produktives Kapital umgewandelt, und er hat die Mechanisierung von Industrie und Landwirtschaft sowie die Rationalisierung des Vertriebs finanziert. Die Folge war ein solcher Warenstrom vom Produzenten zum Konsumenten, wie es ihn in der Geschichte nie zuvor gegeben hat. Der Kapitalist hat sich das liberale Evangelium der Freiheit zunutze gemacht, indem er argumentierte, dass Geschäftsleute, die relativ frei von Transportgebühren und gesetzlicher Regulierung seien, der Öffentlichkeit einen größeren Überfluss an Nahrung, Wohnraum, Komfort und Muße bieten könnten, als dies jemals bei Industrien der Fall gewesen sei, die von Politikern geleitet werden, deren Mitarbeiter Staatsbedienstete sind und die angeblich gegen die Gesetze von Angebot und Nachfrage immun sind. Im freien Unternehmertum seien Menschen produktiver und erfinderischer; die Gründe dafür lägen im Ansporn durch den Wettbewerb und im Arbeitseifer und Elan – all das bringe das Eigentum mit. Nahezu jede wirtschaftliche Fähigkeit finde früher oder später ihre Nische in dem Durcheinander von Talenten und der natürlichen Auswahl von Fähigkeiten und werde belohnt. Eine grundlegende Demokratie beherrsche den Prozess insofern, als die meisten der zu produzierenden Artikel und der zu erbringenden Dienstleistungen durch die öffentliche Nachfrage und nicht durch Regierungsbeschluss bestimmt würden. Unterdessen zwinge der Wettbewerb den Kapitalisten dazu, sich voll und ganz seiner Arbeit zu widmen und seine Produkte immer besser zu machen.

An solchen Behauptungen ist heute viel Wahres dran, aber sie erklären nicht, warum die Geschichte so sehr von den Protesten und Revolten gegen den Missbrauch von industrieller Herrschaft, Preismanipulationen, Geschäftsschikanen und unverantwortlichem Reichtum widerhallt. Diese Missstände sind inzwischen so alt, dass sie Grünspan angesetzt haben müssten, denn immerhin hat es ihretwegen in einem Dutzend Ländern und Jahrhunderten sozialistische Experimente gegeben. Wir können beispielsweise nachlesen, wie es etwa 2100 v. Chr. in Sumer aussah:

> Die Wirtschaft war staatlich organisiert. Der größte Teil des Ackerlandes war Eigentum der Krone; die Arbeiter erhielten Rationen aus den Ernten, die an die königlichen Lagerhäuser geliefert wurden. Für die Verwaltung dieser riesigen Staatswirtschaft wurde eine sehr differenzierte Hierarchie entwickelt, und über alle Lieferungen und Verteilungen der Rationen wurde Buch geführt. Zehntausende von Tontafeln, die mit solchen Aufzeichnungen beschriftet sind, wurden in der Hauptstadt Ur selbst gefunden, in Lagash, Umma … Auch der Außenhandel wurde im Namen der Zentralverwaltung abgewickelt.[39]

In Babylonien (ca. 1750 v. Chr.) legte das Gesetzbuch von Hammurabi die Löhne für Hirten und Handwerker fest sowie die Gebühren, die von Ärzten für Operationen zu erheben waren.[40]

Im ptolemäischen Ägypten (323 v. Chr. bis 30 v. Chr.) besaß der Staat den Boden und verwaltete die Landwirtschaft: Dem Bauern wurde gesagt, welches Land er bestellen und welche Feldfrüchte er anbauen sollte, seine Ernte wurde von Regierungsschreibern gemessen und registriert, auf königlichen Dreschplätzen gedroschen und durch eine menschliche Kette, bestehend aus Fellachen, in die Kornkammern des Königs befördert. Die Regierung besaß die Bergwerke und eignete sich das Erz an. Sie verstaatlichte die Produktion und den Verkauf von Öl, Salz, Papyrus und Textilien. Der gesamte Handel wurde vom Staat kontrolliert und reguliert, der größte Teil des Einzelhandels war in den Händen staatlicher Vertreter, die vom Staat produzierte Waren verkauften. Das Bankwesen war ein staatliches Monopol, aber die Tätigkeiten konnten an private Firmen delegiert werden. Steuern wurden auf jede Person, jede Industrie, jeden Prozess, jedes Produkt, jeden Verkauf und jedes Rechtsdokument erhoben. Um den Überblick über steuerpflichtige Transaktionen und Einkommen zu behalten, unterhielt die Regierung einen Schwarm von Schriftgelehrten und ein komplexes System der Registrierung von Personen und Eigentum. Die Einnahmen aus diesem System machten die Ptolemäer zum reichsten Staat der damaligen Zeit.[41] Große Bauvorhaben wurden fertiggestellt, die Landwirtschaft wurde verbessert, und ein großer Teil der Gewinne floss in die Entwicklung und Verschönerung des Landes und in die Finanzierung des kulturellen Lebens. Um 290 v. Chr. wurden das berühmte Museum und die Bibliothek von Alexandria gegründet. Wissenschaft und Literatur erlebten eine Blütezeit; zu einem nicht genau bekannten Zeitpunkt in dieser ptolemäischen Ära fertigten einige

Gelehrte die »Septuaginta«-Übersetzung des Pentateuchs (also der fünf Bücher Mose im Alten Testament) ins Griechische an. Bald jedoch zogen die Pharaonen in teure Kriege, und nach 246 v. Chr. gaben sie sich dem Alkohol und den sinnlichen Freuden hin, sodass die Verwaltung des Staates und der Wirtschaft in die Hände von Schurken fiel, die den Armen jeden erdenklichen Groschen aus den Händen rissen. Von Generation zu Generation stiegen die Geldforderungen der Regierung. Streiks fanden immer häufiger statt und wurden gewalttätiger. In der Hauptstadt Alexandria wurde die Bevölkerung mit Geldprämien und Spektakeln bestochen, friedlich zu bleiben, aber andererseits wurde sie von einer großen Militärmacht beobachtet, besaß keine Stimme in der Regierung und wurde schließlich doch zu einem gewalttätigen Mob. Weil es nicht genügend Anreize gab, verfielen Landwirtschaft und Industrie, der moralische Zerfall breitete sich aus und die Ordnung wurde erst wiederhergestellt, als Octavius Ägypten unter römische Herrschaft brachte (30 v. Chr.).

Rom hatte sein sozialistisches Intermezzo unter Diokletian. Angesichts zunehmender Armut und steigender Unruhe im Volk sowie der drohenden Gefahr einer barbarischen Invasion erließ er im Jahre 301 n. Chr. ein *Edictum de pretiis* (Höchstpreisedikt), in dem er die Monopolisten dafür anprangerte, dass sie Waren vom Markt zurückhielten, um die Preise hoch zu halten, und in dem er Höchstpreise und Löhne für alle wichtigen Artikel und Dienstleistungen festlegte. Um die Arbeitslosen in Arbeit zu bringen, wurden öffentliche Arbeiten durchgeführt, und die Armen erhielten Nahrungsmittel entweder kostenlos oder zu reduzierten Preisen. Die Regierung – die bereits die meisten Bergwerke, Steinbrüche und Salzlager besaß – brachte fast alle wichtigen Industrien und Zünfte unter eingehende Kontrolle. »In jeder großen Stadt«, so heißt es,

»wurde der Staat zu einem mächtigen Arbeitgeber, … der die privaten Industriellen, die ohnehin von der Besteuerung erdrückt wurden, um Kopf und Schultern überragte.«[42] Als die Geschäftsleute den Ruin vorhersagten, erklärte Diokletian, dass die Barbaren vor dem Tor stünden und dass die individuelle Freiheit zurückgestellt werden müsse, bis die kollektive Freiheit gesichert sei. Der Sozialismus von Diokletian war eine Kriegswirtschaft, die durch die Angst vor Angriffen von außen ermöglicht wurde. Lässt man alle anderen Faktoren gleich, steigt der Grad der inneren Freiheit, wenn die äußere Gefahr schwindet, und umgekehrt.

Die Aufgabe, die Menschen in wirtschaftlicher Hinsicht detailliert zu kontrollieren, erwies sich als zu viel für Diokletians expandierende, teure und korrupte Bürokratie. Zur Unterstützung dieser Bürokratie – der Armee, des Gerichtswesens, der öffentlichen Arbeiten und der Arbeitslosenhilfe – stiegen die Steuern so stark an, dass die Menschen den Anreiz zu arbeiten und Geld zu verdienen verloren, und es begann ein Wettstreit zwischen Anwälten, die Wege zur Steuerumgehung fanden, und Anwälten, die Gesetze zur Verhinderung der Steuerhinterziehung formulierten. Um den Steuereintreibern zu entkommen, flohen Tausende Römer über die Grenzen und suchten bei den Barbaren Zuflucht. In dem Bestreben, diesen schwer zu kontrollierenden Wegzug einzudämmen und die Regulierung und Besteuerung zu erleichtern, erließ die Regierung Dekrete, die den Bauern an sein Feld und den Arbeiter an sein Geschäft banden, bis sie all ihre Schulden und Steuern bezahlt hatten. Unter anderem auf diese Weise begann die mittelalterliche Leibeigenschaft.[43]

China hat mehrere Versuche eines Staatssozialismus unternommen. Szuma Ch'ien (145 v. Chr.) informiert uns, dass – um Privatpersonen daran zu hindern, »die Reichtümer der Berge und des

Meeres ihrem alleinigen Gebrauch vorzubehalten, um ein Vermögen zu gewinnen, und die unteren Klassen daran, sich selbst zu unterwerfen«[44] – der Kaiser Wu Ti (reg. 140 v. Chr. bis 87 v. Chr.) die Ressourcen des Erdbodens verstaatlichte, die Regierungsverantwortung auf Transport und Handel ausdehnte, eine Einkommensteuer festlegte und öffentliche Bauwerke errichten ließ, darunter Kanäle, die die Flüsse miteinander verbanden und die Felder bewässerten. Der Staat häufte Vorräte an Waren an, verkaufte diese, wenn die Preise stiegen, und kaufte mehr, wenn die Preise niedrig waren; dadurch, so Szuma Ch'ien, »würden die reichen Kaufleute und großen Ladenbesitzer daran gehindert, große Profite zu machen, … und die Preise im Reich würden reguliert werden«.[45] Eine Zeit lang, so wurde es uns überliefert, florierte China wie nie zuvor. Eine Kombination von »den Taten Gottes« mit menschlicher Teufelei setzte dem Experiment nach dem Tod des Kaisers ein Ende. Überschwemmungen wechselten sich mit Dürren ab, verursachten einen dramatischen Mangel an Nahrungsmitteln und ließen die Preise in unkontrollierbare Höhen steigen. Geschäftsleute protestierten dagegen, dass sie durch die Steuern die Faulen und Inkompetenten unterstützten. Von den hohen Lebenshaltungskosten geplagt, schlossen sich die Armen den Reichen an und forderten eine Rückkehr zu den alten Methoden. Einige schlugen vor, den Erfinder des neuen Systems bei lebendigem Leibe zu kochen. Die Reformen wurden eine nach der anderen wieder rückgängig gemacht und gerieten fast in Vergessenheit, bis sie von einem chinesischen Philosophen-König wiederbelebt wurden.

Wang Mang (reg. 9 n. Chr. bis 23 n. Chr.) war ein versierter Gelehrter, ein Mäzen der Literatur und ein Millionär, der seinen Reichtum unter seinen Freunden und den Armen verteilte. Nachdem er den Thron bestiegen hatte, umgab er sich mit Männern, die in Literatur, Wissenschaft und Philosophie ausgebildet waren. Er verstaatlichte das Land, teilte es zu gleichen Teilen unter den Bauern auf und setzte der Sklaverei ein Ende. Wie Wu Ti versuchte er, die Preise durch die Aufstockung beziehungsweise die Freigabe von Lagerbeständen zu kontrollieren. Er vergab zinsgünstige Kredite an private Unternehmen. Die Gruppen, deren Profite durch seine gesetzlichen Maßnahmen beschnitten worden waren, schlossen sich zusammen, um seinen Sturz zu planen. Ihnen kamen Dürre und Überschwemmung und ausländische Invasionen zu Hilfe. Die reiche Familie Liu setzte sich an die Spitze einer allgemeinen Rebellion, tötete Wang Mang und hob seine Gesetzgebung auf. Alles war wieder wie zuvor.[46]

Tausend Jahre später setzte Wang Anshi als Premierminister (1068–1085) eine tief greifende Regierungsherrschaft über die chinesische Wirtschaft durch. »Der Staat«, so hielt er fest, »sollte die gesamte Verwaltung von Handel, Industrie und Landwirtschaft in seine eigenen Hände nehmen, um den Arbeiterklassen beizustehen und zu verhindern, dass sie von den Reichen zu Staub zerrieben werden.«[47] Er rettete die Bauern durch zinsgünstige Darlehen vor den Geldverleihern. Er ermutigte neue Siedler, indem er ihnen Saatgut und andere Hilfen zukommen ließ, die aus dem späteren Ertrag ihres Landes zurückgezahlt werden sollten. Er organisierte umfangreiche Bauarbeiten, um Überschwemmungen einzudämmen und die Arbeitslosigkeit zu senken. In jedem Distrikt wurden Ausschüsse ernannt, die Löhne und Preise regulieren sollten. Der Handel wurde verstaatlicht. Alte, Arbeitslose und Arme erhielten finanzielle Unterstützung. Das Bildungswesen und das Prüfungssystem (durch das die Zulassung zu Regierungsämtern bestimmt wurde) wurden reformiert. »Die Schüler warfen ihre Lehrbücher für Rhetorik weg«, erzählt ein chinesischer Historiker, »und begannen, Grundlagen der Geschichte, Geografie und politischen Ökonomie zu studieren.«[48]

Was hat das Experiment untergraben? Erstens hohe Steuern, die allen auferlegt wurden, um einen immer größeren Kreis von Regierungsangestellten zu finanzieren. Zweitens die Einberufung eines Mannes pro Familie in die Armee, um die barbarischen Invasionen abzuwehren. Drittens Korruption innerhalb des Staatsapparates. China stand, wie andere Nationen auch, vor der Wahl zwischen privaten Plünderungen und der Bestechung öffentlicher Organe. Die Konservativen, angeführt von Wang Anshis Bruder, meinten, menschliche Bestechlichkeit und Inkompetenz würden die staatliche Kontrolle der Industrie unmöglich machen und dass die beste Wirtschaft ein Laissez-faire-System sei, das auf den natürlichen Impulsen der Menschen beruhe. Die Reichen, schmerzlich getroffen durch die hohe Besteuerung ihres Vermögens und das Handelsmonopol der Regierung, finanzierten eine Kampagne, um das neue System zu diskreditieren, seine Durchsetzung zu behindern und ihm ein Ende zu bereiten. Diese gut organisierte Bewegung übte einen ständigen Druck auf den Kaiser aus. Als eine weitere Periode von Dürre und Überschwemmungen durch das Erscheinen eines angsteinflößenden Kometen abgelöst wurde, entließ der Sohn des Himmels Wang Anshi, widerrief seine Dekrete und berief die Opposition an die Macht.[49]

Das am längsten andauernde Regime des Sozialismus, soweit bisher bekannt, wurde von den Inkas im heutigen Peru irgendwann im 13. Jahrhundert errichtet. Die Inkas stützten ihre Macht weitgehend auf den Volksglauben, dass der irdische Souverän der direkte Delegierte des Sonnengottes sei, und organisierten und lenkten die gesamte Landwirtschaft, die Arbeit und den Handel. Staatliche Stellen führten Buch über Materialien, Personen und Einkommen. Professionelle »Läufer«, die ein bemerkenswertes Straßensystem nutzten, unterhielten das Kommunikationsnetz, das für eine so umfassende Herrschaft über ein so großes Territorium unerlässlich war. Alle Menschen waren Angestellte des Staates, und es scheint, als hätten sie das frohgemut akzeptiert, weil es ihnen Sicherheit und Nahrung versprach. Dieses System dauerte bis zur Eroberung Perus durch Pizarro im Jahre 1533 an.

Am gegenüberliegenden Hang Südamerikas, in einer portugiesischen Kolonie entlang des Flusses Río Uruguay, brachten 150 Jesuiten eine weitere sozialistische Gesellschaft über 200000 Einheimische (ca. 1620–1750). Die regierenden Priester verwalteten fast die gesamte Landwirtschaft, den Handel und die Industrie. Sie ließen jedem Jugendlichen die Wahl zwischen den von ihnen unterrichteten Berufen, aber sie verlangten von jedem arbeitsfähigen Menschen, acht Stunden pro Tag zu arbeiten. Sie sorgten für Erholung, arrangierten Sport, Tanzveranstaltungen und Choraufführungen mit tausend Stimmen und studierten mit Orchestern europäische Musik ein. Sie dienten auch als Lehrer, Ärzte und Richter und erarbeiteten ein Strafgesetzbuch, das die Todesstrafe ausschloss. Nach allem, was man hört, waren die Einheimischen fügsam und zufrieden, und als die Gemeinde angegriffen wurde, verteidigte sie sich mit einem Eifer und einer Fähigkeit, die die Angreifer überraschte. 1750 trat Portugal ein Territorium, das sieben der Jesuiten-Siedlungen einschloss, an Spanien ab. Nachdem sich das Gerücht verbreitet hatte, dass das Land dieser Kolonien Gold enthielte, bestanden die Spanier in Amerika auf einer sofortigen Besetzung. Die Regierung Portugals unter Pombal (die damals nicht gut auf die Jesuiten zu sprechen war) befahl den Priestern und Einheimischen, die Siedlungen zu verlassen. Nach einigem Widerstand der Einheimischen fand das Experiment schließlich ein Ende.[50]

Während der sozialen Revolte, die die protestantische Reformation in Deutschland begleitete, verbreiteten mehrere Rebellenanführer kommunistische Parolen auf Grundlage der Bibel. Thomas Münzer, ein Prediger, forderte das Volk auf, die Fürsten, den Klerus und die Kapitalisten zu stürzen und eine gerechtere Gesellschaft zu errichten, in der alle Dinge allen gemeinsam gehören sollten.[51] Er rekrutierte ein Heer von Bauern, inspirierte sie mit Erzählungen über den Kommunismus unter den Aposteln und führte sie in die Schlacht. Sie wurden besiegt, fünftausend von ihnen wurden erschlagen, Münzer wurde enthauptet (1525). Hans Hut, der Münzers Lehren annahm, organisierte in Austerlitz eine Täufergemeinschaft, die fast ein Jahrhundert lang den Kommunismus praktizierte (ca. 1530–1622). Johann von Leiden führte eine Gruppe von Täufern an, als sie die Kontrolle über Münster, die Hauptstadt Westfalens, eroberten. Dort hielten sie vierzehn Monate lang ein kommunistisches Regime aufrecht (1534–1535).[52]

Im 17. Jahrhundert bettelte eine Gruppe von »Levellers« in Cromwells Armee ihn vergeblich an, in England eine kommunistische Utopie zu errichten. Die sozialistische Agitation ließ während der Restauration nach, nahm aber wieder zu, als die industrielle Revolution die Gier und Brutalität des Frühkapitalismus enthüllte – Kinderarbeit, Frauenarbeit, lange Arbeitszeiten, niedrige Löhne und Fabriken und Slums, in denen Krankheiten prächtig gediehen. Karl Marx und Friedrich Engels gaben der Bewegung ihre Magna Carta mit dem *Kommunistischen Manifest* von 1847 und ihre Bibel mit *Das Kapital* (1867–1995). Sie erwarteten, dass der Sozialismus zuerst in England verwirklicht werden würde, da die Industrie dort am weitesten entwickelt war und ein Stadium der zentralisierten Verwaltung erreicht hatte, das die Regierung einzuladen schien, sie in

Besitz zu nehmen. Sie lebten nicht lange genug, um vom Ausbruch des Kommunismus in Russland überrascht zu werden.

Warum entstand der moderne Sozialismus zunächst in einem Russland, in dem der Kapitalismus in den Kinderschuhen steckte und es keine großen Konzerne gab, die den Übergang zur staatlichen Kontrolle erleichterten? Jahrhunderte der Armut unter den Bauern und unzählige intellektuelle Revolten hatten zwar den Weg bereitet, aber die Bauern waren 1861 aus der Leibeigenschaft befreit worden, und die Intellektuellen neigten zu einem Anarchismus, der einem sich alles einverleibenden Staat entgegengesetzt war. Wahrscheinlich war die Russische Revolution von 1917 deshalb erfolgreich, weil die zaristische Regierung durch Krieg und schlechte Führung besiegt und in Ungnade gefallen war. Die russische Wirtschaft war zusammengebrochen, die Bauern waren bewaffnet von der Front zurückgekehrt und Lenin und Trotzki hatten von der deutschen Regierung sicheres Geleit und beste Wünsche für ihren weiteren Weg erhalten. Die Revolution nahm eine kommunistische Form an, weil der neue Staat durch innere Unruhen und Angriffe von außen gefordert wurde. Das Volk reagierte, wie jede Nation unter Belagerung reagieren würde – es schob alle individuellen Freiheiten beiseite, bis Ordnung und Sicherheit wiederhergestellt werden konnten. Auch hier war der Kommunismus eine Kriegswirtschaft. Vielleicht überlebt er durch die anhaltende Furcht vor Krieg. Sollte jedoch eine Generation lang Frieden herrschen, so würde er vermutlich durch die Natur des Menschen ausgehöhlt werden.*

Der Sozialismus in Russland ist nun dabei, individualistische Motive wiederherzustellen, um seinem System größere produktive Impulse zu geben und seinem Volk mehr körperliche und geistige

* Anm. d. Red.: Diese und die im folgenden Abschnitt aufgestellten Prognosen sind inzwischen überholt.

Freiheiten zu gewähren. Unterdessen durchläuft der Kapitalismus einen korrelierenden Prozess, indem er den individualistischen Erwerb einschränkt. Dies geschieht durch eine halb sozialistische Gesetzgebung und die Umverteilung des Reichtums durch den »Wohlfahrtsstaat«. Marx war kein besonders wortgetreuer Anhänger Hegels. Er interpretierte die hegelsche Dialektik so, dass der Kampf zwischen Kapitalismus und Sozialismus mit dem vollständigen Sieg des Sozialismus enden würde, aber wendet man die hegelsche Formel von These, Antithese und Synthese auf die industrielle Revolution als These und auf Kapitalismus versus Sozialismus als Antithese an, wäre die dritte Bedingung eine Synthese von Kapitalismus und Sozialismus – und auf diese Aussöhnung bewegt sich die westliche Welt sichtbar zu. Von Jahr zu Jahr nimmt die Rolle der westlichen Regierungen in der Wirtschaft zu, während der Anteil des Privatsektors sinkt. Der Kapitalismus behält den Anreiz des Privateigentums, des freien Unternehmertums und des Wettbewerbs bei und produziert ein reichhaltiges Angebot an Gütern. Auf der anderen Seite ermöglichen hohe Steuern – die die Oberschichten schwer treffen – es der Regierung, der Bevölkerung beispiellose Dienstleistungen in den Bereichen Bildung, Gesundheit und Erholung zu bieten. Die Angst vor dem Kapitalismus hat den Sozialismus gezwungen, den Menschen mehr Freiheiten einzuräumen, und die Angst vor dem Sozialismus hat den Kapitalismus gezwungen, für mehr Gleichberechtigung zu sorgen. Osten ist Westen, und Westen ist Osten – und bald werden die beiden sich begegnen.

X. STAATSFÜHRUNG UND GESCHICHTE

Alexander Pope war der Meinung, dass nur ein Narr wegen Regierungsformen streiten würde. Von der Geschichte können wir einiges über all ihre Spielarten erfahren, auch über Staatsführung im Allgemeinen. Da die Menschen Freiheit lieben und die Freiheit des Einzelnen in der Gesellschaft eine gewisse Reglementierung des Verhaltens erfordert, ist die erste Bedingung für Freiheit ihre Beschränkung. Eine absolute Freiheit stirbt im Chaos. Die vorrangige Aufgabe einer Regierung besteht also darin, Ordnung herzustellen. Eine organisierte Zentralgewalt ist die einzige Alternative zu unberechenbarer und zerstörerischer Gewalt in privaten Händen. Die Macht strömt naturgemäß zu einem Zentrum, denn sie ist unwirksam, wenn sie geteilt und verwässert wird, wie in Polen unter dem *Liberum Veto*. Daher haben die Historiker die Zentralisierung der Macht in einer Monarchie – wie sie durch Richelieu oder Bismarck vorangetrieben und trotz des Protests der Feudalherren durchgesetzt wurde – gelobt. Ein ähnlicher Prozess hat in den Vereinigten Staaten die Macht in der Bundesregierung zentriert. Es ergab keinen Sinn, von den »Rechten der Staaten« zu sprechen, wenn die Wirtschaft die Staatsgrenzen ignorierte und nur von einer zentralen Behörde reguliert werden konnte. Heutzutage entwickelt sich eine internationale Regierung, da Industrie, Handel und Finanzen die Grenzen überschreiten und internationale Formen annehmen.*

Die Monarchie scheint die natürlichste Regierungsform zu sein, da sie die Autorität des Vaters in einer Familie oder des Häuptlings in einer Kriegergruppe aufgreift. Würden wir Regierungsformen nach ihrer Verbreitung und nach ihrer historischen Dauer beurteilen, müssten wir der Monarchie den Sieg zugestehen. Demokratien waren im Vergleich dazu nur hektische Zwischenspiele.

Nach dem Zusammenbruch der römischen Demokratie in den Klassenkämpfen unter Gracchi, Marius und Caesar, organisierte Augustus im Rahmen einer faktisch monarchischen Herrschaft die größte Errungenschaft in der Geschichte der Staatskunst – die Pax Romana, die den Frieden von 30 v. Chr. bis 180 n. Chr. in einem Reich aufrechterhielt, das sich vom Atlantik bis zum Euphrat und von Schottland bis zum Schwarzen Meer erstreckte. Nach ihm entehrte sich die Monarchie unter Caligula, Nero und Domitian, doch danach kamen Nerva, Trajan, Hadrian, Antoninus Pius und Marcus Aurelius – »die beste Abfolge guter und großer Herrscher«, wie Renan sie nannte, »die die Welt je hatte«.[53] »Wenn«, so Gibbon, »ein Mann dazu berufen wäre, den Zeitraum festzulegen, in dem die menschliche Rasse am glücklichsten und wohlhabendsten war, würde er ohne zu zögern den benennen, der zwischen der Thronbesteigung von Nerva und dem Tod von Marcus Aurelius lag. Die Zeit ihrer Herrschaft ist möglicherweise die einzige Periode in der Menschheitsgeschichte, in der das Glück eines großen Volkes das alleinige Ziel der Regierung war.«[54] In jenem glanzvollen Zeitalter, in dem sich die Untertanen Roms dazu beglückwünschten, unter ihrer Herrschaft zu stehen, wurde die royale Macht durch Adoption

* Anm. d. Red.: Diese Entwicklung ist in den vergangenen Jahrzehnten weiter fortgeschritten.

weitergegeben: Der Kaiser übertrug seine Autorität nicht auf seine Nachkommen, sondern auf den fähigsten Mann, den er finden konnte. Er adoptierte diesen Mann als seinen Sohn, brachte ihm das Regierungsgeschäft bei und übergab ihm nach und nach die Zügel der Macht. Das System funktionierte gut, auch weil weder Trajan noch Hadrian einen Sohn hatten und die Söhne von Antoninus Pius bereits als Kinder starben. Marcus Aurelius hatte einen Sohn, Commodus, der seine Nachfolge antrat, weil der Philosoph es versäumt hatte, einen anderen Erben zu benennen. Bald darauf herrschte das reinste Chaos.[55]

Alles in allem hat die Monarchie eine mittelmäßige Bilanz vorzuweisen. Ihre Erbfolgekriege brachten der Menschheit ebenso viel Böses, wie die Kontinuität oder »Legitimität« der Monarchie ihr Gutes brachten. Wenn sie vererbt wird, ist sie wahrscheinlich reicher an Dummheit, Vetternwirtschaft, Verantwortungslosigkeit und Extravaganz als an Würde oder Staatskunst. Ludwig XIV. wurde oft als das Vorbild der modernen Monarchen angesehen, aber das französische Volk freute sich, als er starb. Die Komplexität der heutigen Staaten scheint jeden Einzelnen, der versucht, sie zu beherrschen, psychisch zu brechen.

Daher sind die meisten Regierungen Oligarchien – regiert von einer Minderheit, die entweder von Geburt an, wie in der Aristokratie, oder durch eine religiöse Organisation, wie in der Theokratie, oder wegen ihres Reichtums, wie in Demokratien, auserwählt wurde. Es ist unnatürlich (so sah es sogar Rousseau), dass eine Mehrheit regiert, denn eine Mehrheit kann selten zu einem einheitlichen und spezifischen Handeln gebracht werden, eine Minderheit hingegen schon. Wenn die Mehrheit der Fähigkeiten in einer Minderheit von Menschen enthalten ist, ist eine Minderheitsregierung ebenso unvermeidlich wie die Konzentration von Reichtum. Die

Mehrheit kann nicht mehr tun, als periodisch eine Minderheit hinauszuwerfen und sie durch eine andere zu ersetzen. Der Aristokrat ist der Ansicht, dass die politische Selektion durch Geburt die vernünftigste Alternative zur Selektion durch Geld, Theologie oder Gewalt ist. Die Aristokratie zieht einige wenige Männer aus dem anstrengenden Wirtschaftswettstreit heraus und schult sie von Geburt an – durch Vorbilder, das Umfeld und kleinere Ämter – für die Regierungsaufgaben. Diese Aufgaben erfordern eine besondere Vorbereitung, die keine normale Familie oder gewöhnliche Herkunft bieten kann. Die Aristokratie ist nicht nur eine Bildungsstätte für angehende Staatsoberhäupter, sondern auch Bewahrer von Kultur, Manieren, Normen und Geschmack und dient damit als stabilisierende Barriere gegen soziale Modeerscheinungen, Künstlerwahn oder neurotisch schnelle Veränderungen des Moralkodex. Bedenken Sie nur, was mit der Moral, den Manieren, dem Stil und der Kunst seit der Französischen Revolution geschehen ist.

Aristokratien haben die Kunst inspiriert, unterstützt und kontrolliert, aber sie haben sie nur selten hervorgebracht. Der Aristokrat betrachtet Künstler als Handwerker, er zieht die Kunst des Lebens einem künstlerisch geprägten Leben vor und käme nie auf die Idee, sich auf die verzehrende Arbeit zu reduzieren, die normalerweise der Preis dafür ist, ein Genie zu sein. Er bringt so gut wie keine Literatur hervor, denn er betrachtet das Schreiben für die Öffentlichkeit als Exhibitionismus und reine Verkaufsmasche. Die moderne Aristokratie litt infolgedessen unter einem mit Leichtsinnigkeit und Dilettantismus gepaarten Hedonismus. Sie betrachtete das Leben als fortwährenden Urlaub, in dem die Privilegien in vollen Zügen genossen und die Verantwortung oft ignoriert wurde. Daher der Verfall einiger Aristokratien. Nur drei Generationen lagen zwischen

»*L'état c'est moi*« (ich bin der Staat) und »*Après moi le déluge*« (nach mir die Sintflut).

Daher haben die Leistungen, die die Aristokratie erbringt, sie nicht retten können, als sie ihre Privilegien und ihre Macht zu sehr monopolisierte, als sie das Volk mit selbstsüchtiger und kurzsichtiger Ausbeutung unterdrückte, als sie das Wachstum der Nation durch blinde Sucht nach Althergebrachtem bremste, als sie die Menschen und Ressourcen des Staates im herrschaftlichen Dynastiedenken oder in Territorialkriegen verzehrte. Da schlossen sich die Ausgeschlossenen in wilder Revolte zusammen, die Neureichen verbündeten sich mit den Armen gegen Fortschrittsverweigerung und Stagnation, die Guillotine schnitt tausend adlige Köpfe ab, und die Demokratie übernahm das Ruder in der Missregierung der Menschheit.

Rechtfertigt die Geschichte Revolutionen? Diese Debatte ist schon alt. Sie wurde gut illustriert durch Luthers kühnen Bruch mit der katholischen Kirche versus Erasmus' Plädoyer für eine geduldige und geordnete Reform, oder durch Charles James Fox' Position für die Französische Revolution versus Edmund Burkes Verteidigung von Vorschriften und Kontinuität. In einigen Fällen scheinen überalterte und unflexible Institutionen einen gewaltsamen Umsturz zu erfordern, wie 1917 in Russland. Aber in den meisten Fällen wären die durch die Revolution erzielten Effekte offenbar ohne sie durch den allmählichen Zwang zur Entwicklung der Ökonomie zustande gekommen. Die USA hätten auch ohne jede Revolution den dominierenden Einfluss in der englischsprachigen Welt gewonnen. Die Französische Revolution ersetzte den landbesitzenden Adel durch geldkontrollierende Kaufleute als herrschende Macht, aber so ähnlich vollzog es sich im England des 19. Jahrhunderts ohne Blutvergießen und ohne Störung des öffentlichen Friedens.

Mit der Vergangenheit scharf zu brechen, bedeutet, den Wahnsinn zu umwerben, der auf den Schock plötzlicher Schläge oder Verstümmelungen folgen kann. So, wie der Verstand des Einzelnen in der Kontinuität seiner Erinnerungen liegt, so liegt der Verstand einer Gruppe in der Kontinuität ihrer Traditionen. In beiden Fällen lädt ein Bruch in der Kette zu einer neurotischen Reaktion ein, wie bei den Pariser Massakern im September 1792.[56]

Da Reichtum auf der Bestellung, der Produktion und dem Austausch von Waren beruht und nicht eine Anhäufung von (meist verderblichen) Gütern darstellt und da er darüber hinaus auf dem Vertrauen (das »Kreditsystem«) in Menschen und Institutionen und nicht in den eigentlichen Wert von Papiergeld oder Schecks basiert, verteilen gewaltsame Revolutionen Reichtum nicht so sehr um, sondern zerstören ihn vielmehr. Das Land mag zwar neu verteilt werden, aber die natürliche Ungleichheit der Menschen führt schon bald wieder zu einer Ungleichheit von Besitz und Privilegien und bringt eine neue Minderheit an die Macht, die im Wesentlichen die gleichen Instinkte hat wie die, die zuvor an der Macht war. Die einzig wahre Revolution besteht in der Aufklärung des Geistes und der Verbesserung des Charakters, die einzig wahre Emanzipation ist individuell, und die einzig wahren Revolutionäre sind Philosophen und Heilige.

Wenn man den Begriff Demokratie strikt auffasst, so existiert sie erst seit der Neuzeit, im Grunde seit der Französischen Revolution. In den Vereinigten Staaten begann sie unter Andrew Jackson mit dem Wahlrecht für erwachsene Männer, in unserer Jugend begann sie mit dem Wahlrecht für alle Erwachsenen. Im alten Attika waren von einer Gesamtbevölkerung von 315 000 Menschen 115 000 Sklaven, und nur 43 000 waren wahlberechtigte Bürger.[57] Frauen, fast alle arbeitenden Männer, fast alle Ladenbesitzer und Kaufleute sowie alle ansässigen Ausländer waren vom Wahlrecht ausgeschlossen. Die bürgerliche Minderheit teilte sich in zwei Fraktionen: die oligarchische – vor allem die Landaristokratie und das Großbürgertum – und die demokratische – Kleingrundbesitzer und Kleinunternehmer sowie Bürger, die nun Lohnarbeit verrichten mussten, aber das Wahlrecht behielten. Während der Herrschaft von Perikles (460 v. Chr. bis 430 v. Chr.) hatte der Adel die Oberhand, und Athen erlebte seine großartigste Ära in Literatur, Schauspiel und Kunst. Nach Perikles' Tod und der Schmach des Adelsstands durch die Niederlage Athens im Peloponnesischen Krieg (431 v. Chr. bis 404 v. Chr.) stieg der *Demos*, oder die niedere Klasse der Bürger, an die Macht, sehr zum Abscheu von Sokrates und Platon. Von Solon bis zur römischen Eroberung Griechenlands (146 v. Chr.) wurde der Konflikt zwischen Oligarchen und Demokraten durch Bücher, Theaterstücke, Rede, Abstimmungen, Verbannungen, Attentaten und Bürgerkrieg ausgetragen. In Korkyra (heute Korfu) ermordete die herrschende Oligarchie 427 v. Chr. sechzig Führer der Volkspartei. Die Demokraten stürzten die Oligarchen, verurteilten fünfzig von ihnen vor einer Art Komitee für öffentliche Sicherheit, richteten alle fünfzig hin und ließen Hunderte von aristokratischen Gefangenen verhungern. Thukydides' Beschreibung erinnert uns an Paris in den Jahren 1792 bis 1793.

> Sieben Tage lang waren die Korkyrer damit beschäftigt, diejenigen ihrer Mitbürger abzuschlachten, die sie als ihre Feinde betrachteten … Der Tod wütete in jeder Gestalt, und wie es in solchen Zeiten üblich ist, machte die Gewalt vor nichts Halt. Söhne wurden von ihren Vätern umgebracht und Bittsteller vom Altar weggeschleift oder auf ihm erschlagen … So zog die Revolution von Stadt zu Stadt. Die Menschen an den Orten,

> an denen sie zuletzt eintraf, verübten nach allem, was sie über die vorherigen Ereignisse gehört hatten, Gräueltaten von noch größerem Ausmaß … Korkyra gab das erste Beispiel für solche Verbrechen ab, ... für die Vergeltung, die die Regierten übten (die von ihren Herrschern nie eine gerechte Behandlung oder sogar nichts als Gewalt erfahren hatten) und … für die wilden und erbarmungslosen Exzesse, in die die Menschen von ihren Leidenschaften getrieben wurden … Inzwischen ging der gemäßigte Teil der Bürger zwischen den beiden [sich bekriegenden Gruppen] zugrunde … Die gesamte hellenische Welt war erschüttert.[58]

In seiner Republik ließ Platon sein Sprachrohr, Sokrates, die siegreiche Demokratie von Athen als ein Chaos aus Klassenkampf, kultureller Dekadenz und moralischem Verfall verurteilen. Die Demokraten lehnten Besonnenheit verächtlich als Unmännlichkeit ab … Unverschämtheit bezeichnen sie als Erziehung und Anarchie als Freiheit, Verschwendung als Pracht und Anmaßung als Mut … Der Vater gewöhnt sich daran, auf das Niveau seiner Söhne herabzusteigen und sie zu fürchten, und der Sohn gewöhnt sich daran, seinem Vater ebenbürtig zu sein, ohne Scham oder Furcht vor seinen Eltern … Der Lehrer fürchtet seine Schüler und schmeichelt ihnen, und die Schüler verachten ihre Meister und Lehrkräfte … Die Alten mögen es nicht, wenn man sie für verdrießlich und autoritär hält, und deshalb ahmen sie die Jungen nach … Und ich darf auch nicht vergessen, von der Freiheit und Gleichheit der beiden Geschlechter im Verhältnis zueinander zu berichten … Die Bürger ärgern sich über den kleinsten Hauch von Autorität und … kümmern sich schließlich nicht einmal mehr um die Gesetze, ob geschrieben oder ungeschrieben … Und dies ist der schöne und glorreiche Beginn, aus dem eine Diktatur [tyrannis] hervorgeht ... Die übermäßige Zunahme von etwas führt zu einer Reaktion in die entgegengesetzte Richtung; ... Diktatur entsteht auf natürliche Weise aus Demokratie, und die schlimmste Form der Tyrannei und Sklaverei aus der extremsten Form der Freiheit.[59]

Zum Zeitpunkt von Platons Tod (347 v. Chr.) wurde seine ablehnende Analyse der athenischen Demokratie scheinbar durch die Geschichte bestätigt. Athen erlangte wieder Reichtum, aber es handelte sich nun eher um kommerziellen Reichtum als um einen, der durch Landbesitz bestimmt ist. Industrielle, Kaufleute und Bankiers standen an der Spitze des umgeschichteten Haufens. Der Wandel erzeugte einen fieberhaften Kampf um Geld, eine *pleonexia*, wie die Griechen es nannten – einen Appetit auf mehr und mehr. Die Neureichen (*neoplutoi*) errichteten prunkvolle Villen, schmückten ihre Frauen mit kostbaren Gewändern und Schmuck, verwöhnten sie mit Dutzenden von Dienern, versuchten sich bei den Festen, bei denen sie ihre Gäste bewirteten, gegenseitig zu überbieten. Die Kluft zwischen den Reichen und den Armen wurde größer. Athen war, wie Platon es ausdrückte, »in zwei Städte geteilt: ... eine die Stadt der Armen, die andere die der Reichen, die eine im Krieg mit der anderen«.[60] Die Armen planten, die Reichen durch Gesetzgebung, Besteuerung und Revolution zu berauben; die Reichen organisierten sich zum Schutz gegen die Armen. Die Mitglieder einiger Oligarchie-Organisationen, so Aristoteles, legten einen feierlichen Eid ab: »Ich werde ein Widersacher des Volkes sein« (das heißt: des gemeinen Volkes), »und im Konzil werde ich ihm alles Böse angedeihen lassen, was ich kann.«[61] »Die Reichen sind so unsozial geworden«, schrieb Isokrates um 366 v. Chr, »dass diejenigen, die Eigentum besitzen, ihren Besitz lieber ins Meer werfen, als den Bedürftigen Hilfe zu leisten, während diejenigen, die sich in ärmeren Verhältnissen befinden, weniger gerne einen Schatz finden würden, als den Besitz der Reichen zu beschlagnahmen.«[62] Die ärmeren Bürger eroberten die Kontrolle über die Versammlung und begannen, durch ihr Stimmrecht das Geld der Reichen in die Staatskasse zu bringen, um es anschließend durch staatliche Unternehmen und Subventionen im Volk umzuverteilen. Die Politiker bemühten sich, neue Einnahmequellen für die Öffentlichkeit zu erschließen. In einigen Städten verlief die Dezentralisierung des Reichtums direkter: Die Schuldner in Mytilini massakrierten ihre Gläubiger in Massen; die Demokraten von Argos fielen über die Reichen her, töteten Hunderte von ihnen und beschlagnahmten ihr Eigentum. Die wohlhabenden Familien der ansonsten verfeindeten griechischen Staaten verbündeten sich heimlich zur gegenseitigen Hilfe gegen Volksaufstände. Sowohl die Mittelklasse als auch die Reichen begannen, der Demokratie zu misstrauen, weil sie ihrer Meinung nach dem Neid zur Macht verhelfe, und die Armen misstrauten ihr, weil ihrer Meinung nach die Stimmen bei Wahlen nicht gleich viel wert seien, da die vordergründige Gleichheit der Stimmen durch eine riesige Ungleichheit des Reichtums zunichtegemacht werde. Die aufkommende Verbitterung in den Klassenkämpfen führte dazu, dass Griechenland sowohl in inneren als auch in internationalen Angelegenheiten gespalten war, als Philipp von Mazedonien 338 v. Chr. über das Land herfiel. Viele reiche Griechen begrüßten seine Ankunft, weil sie sie einer Revolution vorzogen. Die athenische Demokratie verschwand unter der mazedonischen Diktatur.[63]

Platons Reduzierung der politischen Entwicklung auf eine Abfolge von Monarchie, Aristokratie, Demokratie und Diktatur wurde in der Geschichte Roms ein weiteres Mal bestätigt. Im dritten und zweiten Jahrhundert vor Christus entwickelte eine römische Oligarchie eine Außenpolitik und organisierte eine disziplinierte

Armee – und eroberte die mediterrane Welt und beutete sie aus. Den so gewonnenen Reichtum verleibten sich die Patrizier ein, und der so entstandene Handel erhob die obere Mittelschicht zu luxuriösem Reichtum. Die besiegten Griechen, Orientalen und Afrikaner wurden nach Italien gebracht, um als Sklaven auf den Latifundien zu dienen. Die einheimischen Bauern, von Grund und Boden vertrieben, schlossen sich dem rastlosen Proletariat in den Städten an, um sich dort an der monatlichen Abgabe von Getreide zu erfreuen, die Caius Gracchus 123 v. Chr. für die Armen gesichert hatte. Generäle und Prokonsuln kehrten aus den Provinzen zurück, beladen mit Beute für sich und die Herrschenden. Die Zahl der Millionäre vervielfachte sich, mobiles Geld ersetzte Land als Quelle oder Instrument politischer Macht. Rivalisierende Fraktionen wetteiferten beim Großeinkauf von Kandidaten und Stimmen; im Jahr 53 v. Chr. erhielt eine Gruppe von Wählern zehn Millionen Sesterzen für ihre Unterstützung.[64] Wenn das Geld versagte, griff man zu Mord: Bürger, die falsch gewählt hatten, wurden in einigen Fällen beinahe zu Tode geprügelt und ihre Häuser wurden in Brand gesteckt. Die Antike hatte noch nie eine so reiche, so mächtige und so korrupte Regierung gekannt.[65] Die Aristokraten beauftragten Pompeius, ihre Vorherrschaft aufrechtzuerhalten, das gemeine Volk schloss sich mit Caesar zusammen. Der Sieg konnte nicht länger mit Geld gekauft werden, sondern musste durch Schlachten und die mit ihnen verbundenen Strapazen errungen werden. Caesar gewann und errichtete eine Volksdiktatur. Aristokraten töteten ihn, nahmen aber schließlich die Diktatur seines Großneffen und Stiefsohns Augustus (27 v. Chr.) an. Die Demokratie endete, die Monarchie wurde wiederhergestellt; der platonische Kreislauf hatte sich geschlossen.

Wir können aus diesen klassischen Beispielen schließen, dass die von Sklaverei, Bestechlichkeit und Krieg zerfressene antike

Demokratie diesen Namen nicht verdient hat und keinen fairen Test für eine Volksregierung darstellt. In Amerika hatte die Demokratie eine breitere Basis. Sie begann mit dem Vorteil eines britischen Erbes: dem angelsächsischen Recht, das seit der Magna Carta die Bürger gegen den Staat verteidigte, und dem Protestantismus, der den Weg zur religiösen und geistigen Freiheit eröffnet hatte. Die amerikanische Revolution war nicht nur der Aufstand einer Kolonie gegen eine weit entfernte Regierung, sondern auch der Aufstand einer einheimischen Mittelschicht gegen eine importierte Aristokratie. Die Rebellion wurde durch ein Übermaß an freiem Land und ein Minimum an Gesetzgebung erleichtert und beschleunigt. Männer, die den Boden besaßen, den sie bebauten, und (innerhalb der Grenzen der Natur) die Bedingungen kontrollierten, unter denen sie lebten, hatten eine wirtschaftliche Grundlage für politische Freiheit. Ihre Persönlichkeit und ihr Charakter waren in der Erde verwurzelt. Genau solche Männer machten Jefferson zum Präsidenten – Jefferson, der so skeptisch wie Voltaire und so revolutionär wie Rousseau war. Eine Regierung, die am wenigsten regierte, war vortrefflich dazu geeignet, jene individualistischen Energien zu befreien, die Amerika von einer Wildnis in eine materielle Utopie und vom Kind und Mündel zum Konkurrenten und schließlich Beschützer Westeuropas verwandelten. Und während die ländliche Isolation den Gestaltungsspielraum des Einzelnen erhöhte, sorgte die nationale Isolation für Freiheit und Sicherheit zwischen schützenden Meeren. Diese und hundert weitere Bedingungen verschafften Amerika eine Demokratie, die grundlegender und universeller war, als es sie in der Geschichte bis dahin gegeben hatte.

Viele dieser prägenden Bedingungen sind verschwunden. Die persönliche Isolation ist durch das Städtewachstum verschwunden. Die persönliche Unabhängigkeit ist durch die Abhängigkeit des

Arbeiters von Werkzeugen und Kapital, die er nicht besitzt, und von Bedingungen, die er nicht kontrollieren kann, dahin. Krieg wird immer zerstörerischer, und der Einzelne schafft es nicht mehr, seine Ursachen zu verstehen oder seinen Auswirkungen zu entgehen. Es gibt kein freies Land mehr, obwohl es immer mehr Hausbesitzer gibt – mit einem Minimum an Land. Der einst selbstständige Ladenbesitzer schuftet nun für einen Großhändler und mag sich der Klage von Marx anschließen, dass alles in Ketten liege. Wirtschaftliche Freiheit wird selbst in der Mittelschicht zunehmend außergewöhnlich, die politische Freiheit ist nur noch tröstlicher Schein. Und all dies ist nicht (wie wir in unserer hitzköpfigen Jugend dachten) durch die Verdorbenheit der Reichen entstanden, sondern durch die unpersönliche Fatalität der wirtschaftlichen Entwicklung und durch die Natur des Menschen. Mit jedem Fortschritt in der Komplexität der Wirtschaft spielen überlegene Fähigkeiten eine noch größere Rolle und die Konzentration von Reichtum, Verantwortung und politischer Macht verstärkt sich.

Die Demokratie ist die schwierigste aller Regierungsformen, da sie die größte Verbreitung von Intelligenz erfordert und wir es versäumt haben, für unsere Intelligenz zu sorgen, als wir uns unabhängig gemacht haben, Bildung ist inzwischen zwar weiter verbreitet, aber Bildung allein ersetzt keine Intelligenz. Ein Zyniker bemerkte einmal, dass »man Unwissenheit nicht auf den Thron setzen darf, nur weil es so viel davon gibt«. Unwissenheit sitzt jedoch nicht lange auf dem Thron, denn sie ist anfällig für die Manipulation durch die Kräfte, die die öffentliche Meinung formen. Es mag stimmen, wie Lincoln annahm, dass »man nicht immer alle Menschen täuschen kann«, aber man kann genug von ihnen täuschen, um ein großes Land regieren zu können.

Ist die Demokratie für die derzeitige Verschlechterung der Kunst verantwortlich? Dass sie sich verschlechtert, ist natürlich nicht unstrittig, schließlich ist eine solche Beurteilung immer subjektiv. Diejenigen von uns, die vor künstlerischen Exzessen – bedeutungslosen Farbklecksen, Collagen aus Schutt, einem Wirrwarr an Missklängen – schaudern, sind zweifellos in unserer Vergangenheit gefangen und dem Mut zum Experiment gegenüber abgestumpft. Die Produzenten solchen Unsinns möchten nicht der breiten Öffentlichkeit gefallen – die sie als Verrückte, Degenerierte oder Scharlatane verachtet –, sondern leicht zu beeindruckenden Käufern aus der Mittelschicht, die sich von Auktionen angezogen fühlen und von dem Neuen, wie deformiert es auch sein mag, begeistert sind. Die Demokratie ist für diesen Niedergang nur in dem Sinne verantwortlich, als dass sie nicht in der Lage war, Standards und Geschmäcker zu entwickeln, die jene hätten ersetzen können, mit denen die Aristokratie einst die Vorstellungskraft und den Individualismus der Künstler innerhalb der Grenzen einer verständlichen Kommunikation, der Erhellung des Lebens und der Harmonie der Einzelteile in einer logischen Abfolge und einem kohärenten Ganzen hielt. Die Kunst scheint sich heute in Skurrilitäten zu verlieren, nicht nur, weil sie durch Massensuggestion oder -dominanz vulgarisiert wird, sondern auch, weil sie die Möglichkeiten der alten Schulen und Formen ausgeschöpft hat und eine Zeit lang auf der Suche nach neuen Mustern und Stilen, neuen Regeln und Disziplinen ins Schwimmen geraten ist.

Wenn man alles gegeneinander aufrechnet, hat die Demokratie weniger Schaden angerichtet und mehr Gutes bewirkt als jede andere Regierungsform. Sie verlieh der menschlichen Existenz eine Lebensfreude und ein Gemeinschaftsgefühl, die ihre Tücken und Mängel überwogen. Sie gab dem Denken, der Wissenschaft und dem Unternehmertum die Freiheit, die für deren Ausübung und Wachstum unerlässlich ist. Sie hat die Mauern der Privilegien und Klassen niedergerissen, und in jeder Generation hat sie die Fähigkeiten auf jedem Rang und jedem Platz verbessert. Unter ihrem Impuls wurden Athen und Rom zu den kreativsten Städten der Geschichte, und Amerika hat in zwei Jahrhunderten einen beispiellos großen Teil seiner Bevölkerung im Überfluss versorgt. Die Demokratie hat sich nun entschlossen der Verbreitung und Verlängerung der Bildung und der Erhaltung der öffentlichen Gesundheit verschrieben. Wenn es gelingt, gleiche Bildungschancen für alle zu schaffen, wird die Demokratie real und begründet sein. Denn dies ist die entscheidende Wahrheit hinter ihren Floskeln: Auch wenn es immer Unterschiede zwischen Menschen geben wird, sie also nicht gleich sein können, so kann man doch ihren Zugang zu Bildung und ihre Bildungschancen annähernd gleich gestalten. Menschen haben nicht automatisch das Recht auf Amt und Macht, sondern sie haben das Recht auf Zugang zu allen Möglichkeiten, die die Eignung eines Menschen für ein Amt und die Macht nähren und prüfen können. Ein Recht ist kein Geschenk Gottes oder der Natur, sondern ein Privileg, das der Gruppe zugutekommt, wenn der Einzelne es erhält.

In England und in den USA, in Dänemark, Norwegen und Schweden, in der Schweiz und in Kanada ist die Demokratie heute solider als je zuvor. Sie hat sich mit Mut und Tatkraft gegen die Übergriffe fremder Diktaturen verteidigt und sich keiner Diktatur im eigenen Land gebeugt. Aber wenn sie weiterhin vom Krieg vereinnahmt und beherrscht wird, oder wenn der Drang, die Welt zu regieren, einen großen Militärapparat erfordert, der ein entsprechend großes Budget benötigt, dann können die Freiheiten der Demokratie eine nach der anderen den Kampf verlieren. Wenn Rassenideologien oder Klassenkämpfe uns in feindliche Lager spalten und politische Auseinandersetzungen in blinden Hass verwandeln, kann die eine oder die andere Seite einen gerechten Wahlkampf mit gewaltsamen Mitteln aushebeln. Wenn es der freien Wirtschaft nicht gelingt, den Reichtum ebenso fähig zu verteilen, wie sie ihn geschaffen hat, wird der Weg zur Diktatur jedem offenstehen, der überzeugend Sicherheit für alle versprechen kann. Dann wird eine martialische Regierung, und wenn sie sich noch so sehr mit einnehmenden Phrasen tarnt, die demokratische Welt verschlingen.

XI. GESCHICHTE UND KRIEG

Krieg ist eine der Konstanten der Geschichte und hat mit der Zivilisation und der Demokratie nicht nachgelassen. Von den letzten 3421 Jahren der aufgezeichneten Geschichte haben nur 268 Jahre keinen Krieg erlebt.* Wir haben den Krieg als die derzeit ultimative Form des Wettbewerbs und der natürlichen Auslese in der menschlichen Spezies anerkannt. »*Polemos pater panton*«, sagte Heraklit, Krieg – oder Wettbewerb – ist die Mutter aller Dinge, die mächtige Quelle von Ideen, Erfindungen, Institutionen und Staaten. Frieden ist ein instabiles Gleichgewicht, das nur durch eine anerkannte Vormachtstellung oder durch gleiche Machtstärke bewahrt werden kann.

Die Ursachen des Krieges sind die gleichen wie die des Konkurrenzkampfes zwischen Individuen: Besitzgier, Kampfeslust und Stolz; das Verlangen nach Nahrung, Land, Materialien, Brennstoffen, Herrschaft. Der Staat hat die gleichen Instinkte wie wir, unterliegt aber nicht unseren Zwängen. Der Einzelne unterwirft sich den Zwängen, die ihm durch Moral und Gesetze auferlegt werden, und erklärt sich bereit, Kampf durch Verhandlung zu ersetzen, weil der Staat ihm einen grundlegenden Schutz seines Lebens, seines Eigentums und seiner gesetzlichen Rechte garantiert. Der Staat selbst erkennt keine wesentlichen Einschränkungen an, entweder weil er

* Anm. d. Red.: Diese Zahlen sind inzwischen überholt.

stark genug ist, sich jeder Einmischung in seinen Willen zu widersetzen, oder weil es keinen Superstaat gibt, der ihm einen grundlegenden Schutz bietet, und kein Völkerrecht oder keinen Moralkodex, der wirksame Gewalt ausübt.

Dem Individuum verleiht Stolz zusätzliche Kraft für die Wettkämpfe des Lebens; dem Staat verleiht Nationalismus zusätzliche Kraft in Diplomatie und Krieg. Als die Staaten Europas sich von der päpstlichen Oberherrschaft und dem päpstlichen Schutz befreiten, förderte jeder Staat den Nationalismus als Ergänzung zu seiner Armee und Marine. Wenn er einen Konflikt mit einem bestimmten Land voraussah, schürte er in seinem Volk den Hass auf dieses Land und formulierte Schlagworte, um diesen Hass bis zu einem tödlichen Punkt zu steigern. Unterdessen betonte er seine Liebe zum Frieden.

Ein solcher Aufruf zur internationalen Phobie kam nur in den elementarsten Konflikten vor und wurde in Europa zwischen den Religionskriegen des 16. Jahrhunderts und den Kriegen der Französischen Revolution nur selten angewandt. Während dieses Zeitraums durften die Völker der Konfliktstaaten die Errungenschaften und die Zivilisation des jeweils anderen respektieren. Engländer konnten sicher durch Frankreich reisen, während Frankreich sich im Krieg mit England befand, und die Franzosen und Friedrich der Große bewunderten sich weiterhin gegenseitig, während sie sich im Siebenjährigen Krieg bekämpften. Im 17. und 18. Jahrhundert war der Krieg ein Wettstreit der Aristokratien und nicht der Völker. Im 20. Jahrhundert wurde der Krieg durch Verbesserungen in der Kommunikation, des Transports, der Waffen und der Indoktrinationsmittel zu einem Kampf der Völker, an dem sowohl Zivilisten als auch Kämpfer beteiligt waren und der durch die Zerstörung von Eigentum und Leben gewonnen wurde. Heute kann ein Krieg die

Arbeit von Jahrhunderten beim Bau von Städten, beim Erschaffen von Kunst und bei der Entwicklung zivilisatorischer Gewohnheiten zerstören. Als entschuldigender Trost fördert der Krieg jetzt Wissenschaft und Technologien, deren tödliche Erfindungen, solange sie nicht in der allgemeinen Not und Barbarei vergessen werden, später in Friedenszeiten die materiellen Errungenschaften vergrößern können.

In jedem Jahrhundert haben die Generäle und Herrscher (mit seltenen Ausnahmen wie Ashoka und Augustus) über die zaghafte Abneigung der Philosophen gegenüber dem Krieg gelächelt. In der militärischen Interpretation der Geschichte ist der Krieg der letzte Schiedsrichter und wird von allen außer Feiglingen und Einfaltspinseln als natürlich und notwendig akzeptiert. Was außer dem Sieg von Charles Martel bei Tours (732) hielt Frankreich und Spanien davon ab, mohammedanisch zu werden? Was wäre aus unserem klassischen Erbe geworden, wenn es nicht mit Waffengewalt gegen mongolische und tatarische Invasionen geschützt worden wäre? Wir lachen über Generäle, die im Bett sterben (wobei wir vergessen, dass sie lebend wertvoller sind als tot), aber wir bauen ihnen Statuen, wenn sie einen Hitler oder einen Dschingis Khan zurückschlagen. Es ist bejammernswert (sagt der General), dass so viele junge Männer im Kampf sterben, aber bei Autounfällen sterben mehr von ihnen als im Krieg, und viele von ihnen verrohen und randalieren aus Mangel an Disziplin. Sie brauchen ein Ventil für ihre Kampfeslust, ihre Abenteuerlust, ihren Überdruss an prosaischer Routine. Wenn sie schon früher oder später sterben müssen, warum lassen wir sie dann nicht im Kampf und ruhmvoll für ihr Land sterben? Selbst ein Philosoph wird, wenn er sich in der Geschichte auskennt, zugeben, dass ein langer Friede die kriegerischen Muskeln einer Nation verhängnisvoll schwächen kann. In der gegenwärtigen

Unzulänglichkeit des Völkerrechts muss eine Nation jederzeit bereit sein, sich zu verteidigen. Und wenn ihre wesentlichen Interessen betroffen sind, muss es ihr erlaubt sein, alle Mittel einzusetzen, die sie für ihr Überleben für notwendig erachtet. Die Zehn Gebote müssen schweigen, wenn es um Selbsterhaltung geht.

Es ist klar (fährt der General fort), dass die Vereinigten Staaten heute die Aufgabe übernehmen müssen, die Großbritannien im 19. Jahrhundert so gut erfüllt hat – den Schutz der westlichen Zivilisation vor äußeren Gefahren. Kommunistische Regierungen, bewaffnet mit alten Geburtenraten und neuen Waffen, haben wiederholt ihre Entschlossenheit verkündet, die Wirtschaft und Unabhängigkeit nichtkommunistischer Staaten zu zerstören. Junge Nationen, die sich nach einer industriellen Revolution sehnen, die ihnen wirtschaftlichen Reichtum und militärische Macht verschafft, sind beeindruckt von der raschen Industrialisierung Russlands unter staatlicher Führung. Der westliche Kapitalismus mag am Ende zwar produktiver sein, aber er scheint sich langsamer weiterzuentwickeln. Die neuen Staatsführer, die begierig die Ressourcen und die Menschen ihrer Staaten kontrollieren wollen, sind wahrscheinlich leichte Beute für kommunistische Propaganda, Infiltration und Subversion. Wenn dieser Ausbreitungsprozess nicht gestoppt wird, ist es nur eine Frage der Zeit, bis fast ganz Asien, Afrika und Südamerika unter kommunistischer Führung stehen, und Australien, Neuseeland, Nordamerika und Westeuropa werden von allen Seiten von Feinden umgeben sein. Stellen Sie sich die Auswirkungen eines solchen Zustandes auf Japan, die Philippinen und Indien sowie auf die mächtige Kommunistische Partei Italiens* vor, so der General

* Anm. d. Red.: Zu Beginn der 1990er-Jahre wendete sich die Kommunistische Partei Italiens vom Kommunismus ab und der Sozialdemokratie zu. 1991 benannte sie sich um in die Demokratische Linkspartei.

weiter. Stellen Sie sich die Auswirkungen eines kommunistischen Sieges in Italien auf die kommunistische Bewegung in Frankreich vor. Großbritannien, Skandinavien, die Niederlande und Westdeutschland wären der Gnade eines hauptsächlich kommunistischen Kontinents ausgeliefert. Soll Nordamerika, jetzt auf dem Höhepunkt seiner Macht, eine solche Zukunft als unvermeidlich akzeptieren, sich innerhalb seiner Grenzen zurückziehen und sich von feindlichen Staaten einkreisen lassen, die seinen Zugang zu Materialien und Märkten kontrollieren und es wie jedes belagerte Volk zwingen, es seinen Feinden gleichzutun und eine Regierungsdiktatur über jeden Bereich seines einst freien und anregenden Lebens zu errichten? Sollen die Anführer Amerikas nur den Widerwillen dieser genusssüchtigen Generation in Betracht ziehen, wenn sie sich einem so großen Problem zu stellen versuchen, oder sollten sie auch überlegen, welches Verhalten sich zukünftige Generationen von Amerikanern von ihnen wünschen würden? Wäre es nicht klüger, sofort Widerstand zu leisten, den Krieg zum Feind zu tragen, auf fremdem Boden zu kämpfen, notfalls hunderttausend amerikanische Leben und vielleicht eine Million Zivilisten zu opfern, aber Amerika die Chance zu geben, dass die Menschen in Sicherheit und Freiheit leben können? Stünde eine so weitsichtige Politik nicht voll im Einklang mit den Lehren der Geschichte?

Der Philosoph antwortet: Ja, und die verheerenden Folgen werden ebenfalls im Einklang mit der Geschichte stehen, außer dass sie sich im Verhältnis zur erhöhten Anzahl und Mobilität der eingesetzten Streitkräfte und der beispiellosen Zerstörungskraft der eingesetzten Waffen sogar vervielfachen werden. Es gibt etwas Größeres als die Geschichte. Irgendwo, irgendwann, müssen wir im Namen der Menschlichkeit die vielen schlechten Präzedenzfälle infrage stellen und es wagen, die Goldene Regel auf Nationen anzuwenden, wie es der buddhistische König Ashoka tat (262 v. Chr.),[66] oder zumindest so zu handeln wie Augustus, als er Tiberius befahl, eine weitere Invasion Deutschlands zu unterlassen (9 n. Chr.).[67] Weigern wir uns, koste es, was es wolle, in China hundert Hiroshimas zu wiederholen. »Großherzigkeit in der Politik«, sagte Edmund Burke, »ist nicht selten die wahrhaftigste Weisheit, und ein großes Reich und kleine Geister passen schlecht zusammen.«[68] Stellen Sie sich einen amerikanischen Präsidenten vor, der zu den Führern Chinas und Russlands sagt:

»Wenn wir dem üblichen Lauf der Geschichte folgen sollten, müssten wir aus Furcht vor dem, was Sie eine Generation später tun könnten, Krieg gegen Sie führen. Oder wir müssten dem düsteren Präzedenzfall der Heiligen Allianz von 1815 folgen und unseren Reichtum und unsere gesündesten jungen Menschen der Unterdrückung jeglicher Revolte gegen die bestehende Ordnung opfern. Aber wir sind bereit, einen neuen Ansatz zu versuchen. Wir respektieren, dass Ihre Völker und Ihre Zivilisationen zu den kreativsten der Geschichte gehören. Wir werden versuchen, Ihre Gefühle und Ihren Wunsch, Ihre eigenen Institutionen zu entwickeln, nachzuvollziehen, ohne Angst vor Angriffen aufkommen zu lassen. Wir dürfen nicht zulassen, dass unsere beidseitigen Ängste uns in einen Krieg führen, denn die beispiellose Mordlust unserer und Ihrer Waffen fügt der Situation ein Element hinzu, das der Geschichte unbekannt ist. Wir schlagen vor, Vertreter zu entsenden, die gemeinsam mit den Ihren an einer anhaltenden Konferenz zur Bereinigung unserer Differenzen, zur Einstellung der Feindseligkeiten und der Subversion und zum Rüstungsabbau teilnehmen. Wo auch immer wir außerhalb unserer Grenzen mit Ihnen um die Loyalität eines Volkes konkurrieren, sind wir bereit, uns einer vollständigen und fairen Wahl der betroffenen Bevölkerung zu unterwerfen. Öffnen wir uns gegenseitig unsere Türen und organisieren wir einen kulturellen Austausch, der gegenseitige Wertschätzung und Verständnis fördert. Wir haben keine Angst, dass Ihr Wirtschaftssystem unseres verdrängen wird, und Sie brauchen auch nicht zu befürchten, dass unseres das Ihre verdrängen wird. Wir glauben, dass jedes System vom anderen lernen wird und kooperativ und in Frieden mit ihm existieren kann. Vielleicht kann jeder von uns, unter Aufrechterhaltung angemessener Verteidigungsmechanismen, Nichtangriffs- und Nichtsubversionspakte mit anderen Staaten schließen, und aus diesen Abkommen könnte eine Weltordnung entstehen, in der jede Nation souverän und einzigartig bleibt und nur durch freiwillig unterzeichnete Abkommen eingeschränkt wird. Wir bitten Sie, sich uns in dieser Missachtung der Geschichte anzuschließen, in dieser Entschlossenheit, Höflichkeit und Zivilisation auf die Beziehungen zwischen den Staaten auszudehnen. Wir geloben bei unserer Ehre vor der ganzen Menschheit, dieses Unterfangen voller Aufrichtigkeit und Vertrauen einzugehen. Sollten wir diese historische Wette verlieren, werden die Ergebnisse nicht schlechter sein als die, die wir von einer Fortsetzung der traditionellen Politik erwarten dürfen. Wenn Sie und wir jedoch Erfolg haben, haben wir uns für die kommenden Jahrhunderte einen Platz im dankbaren Gedächtnis der Menschheit verdient.«

Der General lächelt. »Sie haben alle Lehren aus der Geschichte vergessen«, sagt er, »und auch die Natur der Menschen, die Sie beschrieben haben. Einige Konflikte sind zu grundlegend, als dass sie durch Verhandlungen gelöst werden könnten. Und während der langwierigen Verhandlungen (wenn die Geschichte uns hier leiten darf) würde die Subversion weitergehen. Eine Weltordnung wird nicht durch ein Gentlemen's Agreement zustande kommen, sondern durch einen so umfassenden Sieg einer der Großmächte, dass sie in der Lage ist, internationales Recht zu diktieren und durchzusetzen, wie Rom es von Augustus bis Aurelius getan hat. Solche Zwischenspiele, in denen weitverbreitet Frieden herrscht, sind unnatürlich und außergewöhnlich. Sie werden schon bald durch Verschiebungen der militärischen Macht beendet werden. Sie haben uns gesagt, dass der Mensch ein ehrgeiziges Wesen ist, dass seine Staaten so sein müssen wie er selbst und dass die natürliche Auslese jetzt auf internationaler Ebene stattfindet. Staaten werden sich nur dann zu einer grundlegenden Zusammenarbeit zusammenschließen, wenn sie gemeinsam von außen angegriffen werden. Vielleicht bewegen wir uns gerade rastlos auf dieses höhere Plateau des Wettbewerbs zu, und vielleicht kommen wir in Kontakt mit ehrgeizigen Spezies von anderen Planeten oder Sternen. Bald darauf wird es einen interplanetaren Krieg geben. Dann, und nur dann, werden wir von dieser Erde eins sein.«

XII. WACHSTUM UND VERFALL

Wir haben die Zivilisation definiert als »soziale Ordnung, die das kulturelle Schaffen fördert«.[69] Sie ist eine politische Ordnung, die durch Tradition, Moral und Recht gesichert ist, und eine Wirtschaftsordnung, die durch kontinuierliche Produktion und beständigen Austausch gesichert ist; sie ist ein kulturelles Schaffen durch Freiheit und Möglichkeiten für den Ursprung, den Ausdruck, die Erprobung und die Verwirklichung von Ideen, Schriften, Manieren und Künsten. Sie ist ein komplexes und labiles Geflecht menschlicher Beziehungen, das nur mühsam aufgebaut und leicht zerstört werden kann.

Wie kommt es, dass die Geschichte mit den Trümmern von Zivilisationen übersät ist und uns mitzuteilen scheint – wie Shelleys »Ozymandias« –, dass der Tod das Schicksal aller sei? Gibt es in diesem Prozess des Wachstums und Verfalls irgendwelche Regelmäßigkeiten, die es uns ermöglichen, aus dem Verlauf vergangener Zivilisationen die Zukunft unserer eigenen vorherzusagen?

Einige fantasievolle Geister haben das geglaubt, sogar bis hin zur detaillierten Vorhersage der Zukunft. In seiner vierten Ekloge kündigte Vergil an, dass eines Tages, wenn der Erfindungsreichtum des Wandels erschöpft ist, das gesamte Universum, ob gewollt oder ungewollt, in einen Zustand geraten wird, der genau demjenigen einer vergessenen Antike entspricht, und dass es dann durch deterministisches Verhängnis und in jedem einzelnen Fall all jene Ereignisse wiederholen wird, die diesem Zustand auch zuvor gefolgt waren.

> Alter erit tum Tiphys, et altera quae vehat Argo delectos heroas; erunt etiam altera bella, atque iterum ad Troiam magnus mittetur Achilles.

> »Es wird dann einen anderen [Propheten] Tiphys geben, und eine andere Argo wird [Jason und andere] geliebte Helden befördern; es wird auch andere Kriege geben und der große Achilles wird wieder nach Troja geschickt werden.«[70]

Friedrich Nietzsche war besessen von dieser Vision einer »ewigen Wiederkehr«. Es gibt nichts, was so töricht wäre, dass man es nicht bei den Philosophen finden könnte.

Die Geschichte wiederholt sich, aber nur in Umrissen und im Großen. Es gibt gute Gründe dafür, zu erwarten, dass in der Zukunft ebenso wie in der Vergangenheit einige neue Staaten entstehen und einige alte Staaten untergehen werden; dass neue Zivilisationen mit Viehzucht und Landwirtschaft beginnen, in Handel und Industrie expandieren und schließlich durch das Finanzwesen prächtig gedeihen werden; dass das Denken (wie Vico und Comte argumentierten) im Großen und Ganzen von übernatürlichen über legendäre zu realistischen Erklärungen übergehen wird; dass neue Theorien, Erfindungen, Entdeckungen und Irrtümer die intellektuellen Strömungen aufwühlen werden; dass neue Generationen gegen die alten rebellieren und von der Rebellion zur Konformität und Reaktion übergehen werden; dass moralische Experimente die Tradition lockern und deren Nutznießer in Angst und Schrecken versetzen werden; und dass die Aufregung, die mit einer Innovation einhergeht, mit der Zeit, die sich darum nicht schert, vergessen wird. Die Geschichte wiederholt sich im Großen, weil sich die menschliche Natur nur äußerst gemächlich verändert und weil der Mensch so geschaffen ist, dass er auf häufig auftretende Situationen und Reize wie Hunger, Gefahr und Sex in stereotyper Weise reagiert. Aber in einer entwickelten und komplexen Zivilisation unterscheiden sich die Individuen stärker voneinander als in einer primitiven Gesellschaft, sie sind einzigartiger. Zudem bringen viele Situationen neuartige Umstände mit sich, die eine Modifizierung der instinktiven Reaktion erfordern. Bräuche schwinden, dafür nimmt das logische Denken eine wichtigere Rolle ein und verbreitet sich. Ergebnisse sind weniger vorhersehbar. Es gibt keine Gewissheit dafür, dass die Zukunft die Vergangenheit wiederholen wird. Jedes Jahr ist ein Abenteuer.

Einige Vordenker haben versucht, die losen Gesetzmäßigkeiten der Geschichte in majestätische Paradigmen zu zwängen. Der Begründer des französischen Sozialismus, Claude-Henri de Rouvroy, Comte de Saint-Simon (1760–1825), hat die Vergangenheit und die Zukunft in eine Abfolge von »organischen« und »kritischen« Phasen unterteilt:

> Das Gesetz der menschlichen Entwicklung … offenbart zwei verschiedene und sich gegenseitig ausschließende Zustände der Gesellschaft: erstens den organischen, in dem alle menschlichen Handlungen durch eine allgemeine Theorie klassifiziert, vorhergesehen und geregelt werden und in dem der Zweck der sozialen Aktivität klar definiert ist; zweitens den kritischen, in dem alles gemeinschaftliche Denken, alle gemeinschaftliche Handlung, alle Koordination nicht länger

existiert und die Gesellschaft nur eine Ansammlung einzelner Individuen ist, die miteinander im Konflikt stehen.

Jeder dieser Zustände hat zwei Epochen der Geschichte eingenommen. Eine organische Phase ging jener griechischen Epoche voraus, die wir das Zeitalter der Philosophie nennen, die wir treffender jedoch Zeitalter der Kritik nennen sollten. Später entstand eine neue Doktrin, die verschiedene Stadien der Ausarbeitung und Vervollständigung durchlief und schließlich ihre politische Macht über die westliche Zivilisation etablierte. Mit der Kirchverfassung begann eine neue organische Epoche, die im 15. Jahrhundert endete, als die Reformatoren die Ankunft jenes Zeitalters der Kritik einläuteten, das bis in unsere Zeit andauert …

In den organischen Zeitaltern haben alle grundlegenden Probleme [theologische, politische, wirtschaftliche, moralische] zumindest provisorische Lösungen erhalten. Aber bald wurden sie durch die Fortschritte, die mit Hilfe dieser Lösungen und unter dem Schutz der durch sie verwirklichten Institutionen erzielt wurden, unzulänglich und riefen Neuerungen hervor. Kritische Epochen – Phasen der Debatte, des Protests, … und des Übergangs – ersetzten die alte Stimmungslage durch Zweifel, Individualismus und Gleichgültigkeit gegenüber den großen Problemen … In organischen Perioden sind die Menschen damit beschäftigt, etwas aufzubauen, in kritischen Perioden sind sie damit beschäftigt, etwas zu zerstören.[71]

Saint-Simon glaubte, dass die Errichtung des Sozialismus ein neues organisches Zeitalter des einheitlichen Glaubens, der Organisation,

Zusammenarbeit und Stabilität einleiten würde. Sollte sich der Kommunismus als neue Lebensordnung durchsetzen, hätten sich Saint-Simons Analyse und Vorhersage als richtig erwiesen.

Oswald Spengler (1880–1936) variierte das Modell von Saint-Simon, indem er die Geschichte in separate Zivilisationen aufteilte, jede mit einer unabhängigen Lebensspanne und einem aus vier Phasen, aber im Wesentlichen zwei Perioden zusammengesetzten Verlauf: eine Periode der zentripetalen Organisation, die eine Kultur in all ihren Phasen zu einer einzigartigen, kohärenten und künstlerischen Form vereinigt; die andere eine Periode der zentrifugalen Desorganisation, in der Glaube und Kultur in Teilbereiche und Kritik zerfallen und in einem Chaos von Individualismus, Skepsis und künstlerischen Verirrungen enden. Während Saint-Simon sich auf den Sozialismus als neue Synthese freute, blickte Spengler (wie Talleyrand) auf die Aristokratie als das Zeitalter zurück, in dem Leben und Denken beständig und geordnet waren und ein lebendiges Kunstwerk darstellten.

> Für die westliche Existenz liegt die Zäsur um das Jahr 1800 herum – auf der einen Seite liegt das Leben in seiner ganzen Fülle und in der Gewissheit seiner selbst, von innen heraus gewachsen, in einer großen, ununterbrochenen Entwicklung von der gotischen Kindheit bis zu Goethe und Napoleon; und auf der anderen Seite das herbstliche, künstliche, unverwurzelte Leben unserer großen Städte, die vom Intellekt geformt wurden … Wer nicht versteht, dass dieses Ergebnis obligatorisch ist und nicht geändert werden kann, muss jeden Wunsch, die Geschichte zu begreifen, aufgeben.[72]

In einem Punkt sind sich alle einig: Zivilisationen beginnen, gedeihen, verfallen und verschwinden – oder verweilen als stillstehende Tümpel, die von einst lebensspendenden Strömen übrig bleiben. Was sind die Ursachen für Weiterentwicklung, und was sind die Ursachen für Verfall?

Kein Student nimmt die Vorstellung des 17. Jahrhunderts ernst, dass Staaten aus einem »Gesellschaftsvertrag« zwischen Individuen oder zwischen dem Volk und einem Herrscher entstanden sind. Wahrscheinlich entstanden die meisten Staaten (also politisch organisierte Gesellschaften) durch die Unterwerfung einer Gruppe durch eine andere und indem der Bezwinger eine fortdauernde Macht über die Bezwungenen errichtete. Seine Dekrete waren deren erste Gesetze; und diese schufen, gemeinsam mit den Bräuchen des Volkes, eine neue soziale Ordnung. So sahen offensichtlich die Anfänge einiger Staaten Lateinamerikas aus. Wenn die Herren die Arbeit ihrer Untertanen so organisierten, dass sie sich irgendeinen physischen Vorteil zunutze machten (wie die Flüsse Ägyptens oder Asiens), bildeten wirtschaftliche Voraussicht und Versorgung eine weitere Grundlage für die Zivilisation. Eine gefährliche Spannung zwischen Herrschern und Beherrschten könnte die intellektuelle und emotionale Aktivität über das alltägliche Sich-dahintreiben-Lassen der primitiven Stämme hinaus steigern. Weitere Wachstumsimpulse könnten von jedweder herausfordernden Veränderung in der Umgebung ausgehen,[73] beispielsweise einer Invasion von außen oder einem anhaltenden Regenmangel – Herausforderungen, denen durch militärische Verbesserungen oder den Bau von Bewässerungskanälen begegnet werden könnte.

Wenn wir das genaue Problem außer Acht lassen und uns generell fragen, was darüber entscheidet, ob eine Herausforderung bewältigt wird oder nicht, dann lautet die Antwort, dass dies vom

Vorhandensein oder Nichtvorhandensein von Initiative und von kreativen Individuen mit klarem Verstand und Willenskraft abhängt (was beinahe einer Definition von Genie gleichkommt), die in der Lage sind, auf neue Situationen effektiv zu reagieren (was beinahe einer Definition von Intelligenz gleichkommt). Wenn wir uns fragen, was ein kreatives Individuum ausmacht, werden wir von der Geschichte auf die Psychologie und Biologie zurückgeworfen – auf den Einfluss der Umwelt und das Lotteriespiel und Geheimnis der Chromosomen. Auf jeden Fall wird eine Herausforderung erfolgreich gemeistert (wie von den USA in den Jahren 1917, 1933 und 1941), wenn sie den Sieger nicht erschöpft (wie England im Jahr 1945), die Stimmung und das Niveau einer Nation erhöht und sie besser dazu befähigt, sich weiteren Herausforderungen zu stellen.

Wenn dies die Quellen des Wachstums sind, was sind dann die Ursachen des Verfalls? Sollen wir – wie Spengler und viele andere – annehmen, dass jede Zivilisation ein Organismus ist, der von Natur aus und doch auf geheimnisvolle Weise mit der Kraft zur Weiterentwicklung und dem Schicksal des Todes ausgestattet ist? Es ist verlockend, das Verhalten von Gruppen durch Analogie mit der Physiologie oder Physik zu erklären, und den Verfall einer Gesellschaft auf eine inhärente Einschränkung ihrer Möglichkeiten und der Lebenserwartung oder auf einen irreparablen Zusammenbruch der inneren Kraft zurückzuführen. Solche Analogien können eine vorläufige Erklärung bieten, wenn wir zum Beispiel Individuen mit einer Ansammlung von Zellen assoziieren oder die Geldzirkulation von Bankier zurück zu Bankier mit der Systole und Diastole des Herzens vergleichen. Aber eine Gruppe ist kein Organismus, der den Individuen, aus denen sie besteht, physisch hinzugefügt wird. Sie hat kein eigenes Gehirn und keinen eigenen Magen, sie muss mit den Gehirnen ihrer Mitglieder denken oder mit deren Nerven fühlen. Wenn die Gruppe oder eine Zivilisation untergeht, geschieht dies nicht durch eine mystische Begrenzung des gemeinschaftlichen Lebens, sondern durch das Versagen ihrer politischen oder intellektuellen Führer, den Herausforderungen des Wandels zu begegnen.

Die Herausforderungen können aus einem Dutzend Quellen stammen und durch Wiederholung oder Kombination eine zerstörerische Intensität erlangen. Regenfälle oder die Bildung von Oasen können ausbleiben und die Erde so weit austrocknen lassen, dass in und auf ihr nichts mehr wachsen kann. Der Boden kann durch unsachgemäße Bewirtschaftung oder unsachgemäße Nutzung ausgelaugt sein. Ersetzt man freie Arbeit durch Sklavenarbeit, so kann dies die Produktionsanreize verringern, sodass das Land nicht bestellt wird und die Städte nicht ernährt werden. Eine Veränderung der Handelsinstrumente oder -wege – etwa durch die Eroberung der Meere oder der Luft – kann alte Zentren der Zivilisation in eine Flaute geraten und verfallen lassen, wie Pisa oder Venedig nach 1492. Steuern können bis zu dem Punkt ansteigen, dass sie Kapitalinvestitionen abschrecken und keine produktiven Anreize bieten. Ausländische Märkte und Rohstoffe können durch unternehmerischeren Wettbewerb verloren gehen, ein Überschuss der Importe gegenüber den Exporten kann wertvolle Metalle aus den einheimischen Reserven abziehen. Die Konzentration von Reichtum kann die Nation in einen Klassenkampf stürzen oder Unruhen zwischen Angehörigen verschiedener Ethnien hervorrufen. Die hohe Bevölkerungsdichte und eine große Armut in Großstädten kann eine Regierung dazu zwingen, sich zwischen der Schwächung der Wirtschaft durch ein Arbeitslosengeld und der Gefahr von Aufruhr und Revolution zu entscheiden.

Da die Ungleichheit in einer expandierenden Wirtschaft zunimmt, kann sich eine Gesellschaft in eine kultivierte Minderheit und eine Mehrheit von Männern und Frauen spalten, die aufgrund ihrer inneren oder äußeren Umstände nicht dazu in der Lage sind, Exzellenz und guten Geschmack zu entwickeln. Wenn diese Mehrheit wächst, wirkt sie wie ein kultureller Bremsklotz auf die Minderheit. Ihre Art zu sprechen, sich zu kleiden, ihre Freizeit zu gestalten, zu fühlen, zu urteilen und zu denken breitet sich nach oben aus, und die interne Barbarisierung durch die Mehrheit ist Teil des Preises, den die Minderheit für ihre Kontrolle über die Bildungs- und Wirtschaftsmöglichkeiten zahlt.

Mit der größeren Verbreitung von Bildung büßen Theologien an Glaubwürdigkeit ein. Sie bekommen von außen eine Konformität übergestülpt und verlieren ihren Einfluss auf das Verhalten der Menschen und auf die Hoffnung. Das Leben und die Ideen werden zunehmend säkularisiert und schenken übernatürlichen Erklärungen und Ängsten keine Beachtung. Der Moralkodex verliert an Aura und Kraft, wenn sein menschlicher Ursprung offenbart wird und wenn göttliche Beobachtung und Sanktionen keine Rolle mehr spielen. Im antiken Griechenland zerstörten die Philosophen unter den gebildeten Klassen den alten Glauben. In vielen Nationen des modernen Europas erzielten die Philosophen ähnliche Ergebnisse. Aus Protagoras wurde Voltaire, aus Diogenes Rousseau, aus Demokrit Hobbes, aus Platon Kant, aus Thrasymachos Nietzsche, aus Aristoteles Spencer, aus Epikur Diderot. Sowohl in der Antike als auch in der Moderne löste das analytische Denken die Religion auf, die den Moralkodex untermauert hatte. Neue Religionen kamen auf, aber sie waren von den herrschenden Klassen entkoppelt und leisteten dem Staat keinen Dienst. Auf den Triumph des Rationalismus über die Mythologie im letzten Jahrhundert vor dem Christentum folgte ein Zeitalter des Skeptizismus und Epikureismus, dem heute ein ähnlicher Sieg im ersten Jahrhundert nach dem Christentum folgt.

Gefangen im erholsamen Intervall zwischen einem Moralkodex und dem nächsten, gibt sich eine Generation, die keinen festen Anker mehr hat, dem Luxus, der Korruption und einer rastlosen Unordnung in Familie und Moral hin. Nur wenige sind noch der Ansicht, es sei »schön und ehrenvoll, für sein Land zu sterben«. Ein Versagen der Führung kann einen Staat dazu bringen, sich selbst durch innere Unruhen zu schwächen. Am Ende des Prozesses kann eine entscheidende Niederlage im Krieg einen endgültigen Schlag bringen, oder eine barbarische Invasion von außen kann sich mit einer von innen aufsteigenden Barbarei verbinden und die Zivilisation beenden.

Ist dieses Bild deprimierend? Nicht ganz. Das Leben hat keinen inhärenten Anspruch auf Ewigkeit, weder das von Individuen noch das von Staaten. Der Tod ist natürlich, und wenn er zur rechten Zeit eintritt, ist er verzeihlich und nützlich, und ein vernünftiger Mensch wird nichts daran auszusetzen haben, wenn er kommt. Aber sterben denn nun Zivilisationen? Nochmals, nicht ganz. Die griechische Zivilisation ist im Grunde nicht tot, lediglich ihr Rahmen ist verschwunden, und ihr Lebensraum hat sich verändert und ausgebreitet. Sie überlebt in der Erinnerung des menschlichen Geschlechts, und zwar so üppig, dass kein noch so erfülltes und langes Leben sie gänzlich aufnehmen könnte. Homer hat heutzutage mehr Leser als zu seiner Zeit in seinem Land. Die Werke der griechischen Dichter und Philosophen gibt es in jeder Bibliothek und an jeder Hochschule. Im Augenblick entdecken Hunderttausende Platon und studieren seine Philosophie, sodass sich einsichtiges Denken weiter verbreitet. Dieses selektive Überdauern kreativer Geister ist das effektivste und segensreichste Mittel zur Unsterblichkeit.

Nationen sterben. Alte Regionen trocken aus und veröden oder erleiden andere Veränderungen. Der widerstandsfähige Mensch packt sich seine Werkzeuge und seine Künste, zieht weiter und nimmt seine Erinnerungen mit. Wenn diese Erinnerungen durch Bildung vertieft und erweitert wurden, geht die Zivilisation mit ihm und baut sich irgendwo ein anderes Zuhause. In dem neuen Land braucht er weder ganz neu anzufangen, noch steht er ohne freundliche Hilfe da. Kommunikations- und Transportmittel verbinden ihn wie eine nährende Plazenta mit seinem Vaterland. Rom importierte die griechische Zivilisation und gab sie an Westeuropa weiter, Amerika wiederum profitierte von der europäischen Zivilisation und bereitet sich darauf vor, sie weiterzugeben, mit einer Übermittlungstechnik, die nie zuvor erreicht wurde.

Zivilisationen sind die Generationen ethnischer Gesellschaften. So wie das Leben sich durch Fortpflanzung über den Tod hinwegsetzt, so übergibt eine alternde Kultur ihr Erbgut über Jahre und Meere hinweg an ihre Erben. Noch während diese Zeilen geschrieben werden, verbinden Handel und Druckerzeugnisse, Kommunikationsdrähte und Übertragungswellen sowie unsichtbare geflügelte Götterboten Nationen und Zivilisationen miteinander und bewahren so für alle, was jede einzelne dem Erbe der Menschheit mitgegeben hat.

XIII. IST DER FORTSCHRITT REAL?[74]

Bei diesem beständigen Auf und Ab von Nationen, Moral und Religionen können Zweifel hinsichtlich des Gedankens an einen Fortschritt aufkommen. Handelt es sich dabei vielleicht nur um die eitle Prahlerei einer jeden »modernen« Generation? Da wir der Menschheit keine wesentliche Veränderung ihrer Natur im Laufe der Geschichte zugestanden haben, müssen alle technologischen Fortschritte nur als neue Mittel zum alten Zweck bezeichnet werden – Güter zu erwerben, dem anderen (oder demselben) Geschlecht nachzustellen, Konkurrenz auszustechen, Kriege zu führen. Eine der entmutigenden Entdeckungen unseres desillusionierenden Jahrhunderts ist, dass die Wissenschaft neutral ist: Sie wird für uns ebenso bereitwillig töten, wie sie heilen kann, und sie wird für uns sogar bereitwilliger zerstören, als sie aufbauen kann. Wie unangemessen erscheint doch jetzt das stolze Motto von Francis Bacon »Wissen ist Macht!« Manchmal haben wir das Gefühl, dass die Menschen im Mittelalter und in der Renaissance, die sich eher der Mythologie und Kunst als der Wissenschaft und Macht widmeten, vielleicht klüger waren als wir, die wir immer wieder unser Instrumentarium erweitern, ohne unsere Zwecke zu verbessern.

Unser Fortschritt in Wissenschaft und Technik hat dem Guten einen Hauch Böses beigemischt. Unsere Annehmlichkeiten und Bequemlichkeiten haben möglicherweise unsere körperliche Ausdauer und unsere moralische Stärke geschwächt. Wir haben unsere

Fortbewegungsmittel immens weiterentwickelt, aber einige von uns nutzen sie, um leichter Verbrechen verüben zu können oder um unsere Mitmenschen oder uns selbst umzubringen. Wir verdoppeln, verdreifachen, verhundertfachen unsere Geschwindigkeit, aber dabei zerreißen wir unsere Nerven und sind auch mit zweitausend Stundenkilometern immer noch die gleichen bekleideten Affen wie damals, als wir noch Beine hatten. Wir begrüßen die medikamentösen und operativen Therapien der modernen Medizin, wenn sie keine schlimmeren Nebenwirkungen mit sich bringen als die Krankheit selbst; wir schätzen den Eifer unserer Ärzte in ihrem wahnsinnigen Wettlauf mit der Widerstandsfähigkeit der Mikroben und dem Erfindungsreichtum der Krankheiten; wir sind dankbar für die zusätzlichen Jahre, die uns die Medizinwissenschaft schenkt, wenn sie nicht eine belastende Verlängerung von Krankheit, Behinderung und Trübsinn darstellen. Wir haben unsere Fähigkeit, mehr über alltägliche Ereignisse und über unseren Planeten zu erfahren, verhundertfacht, aber manchmal beneiden wir unsere Vorfahren, deren Seelenfrieden nur dezent durch die Nachrichten aus ihrem Dorf gestört wurde. Wir haben lobenswerterweise die Lebensbedingungen für fähige Arbeiter und die Mittelschicht verbessert, aber wir haben auch unsere Städte mit dunklen Gettos und schmutzigen Slums verkommen lassen.

Wir haben uns von der Theologie emanzipiert und machen uns über sie lustig, aber haben wir denn einen natürlichen Ethos – einen von der Religion unabhängigen Moralkodex – entwickelt, der stark genug ist, unsere Instinkte – Dinge in unseren Besitz zu bringen, zu kämpfen und Sex zu haben – davon abzuhalten, unsere Zivilisation in einen Sumpf aus Gier, Verbrechen und Promiskuität zu verwandeln? Sind wir wirklich der Intoleranz entwachsen oder haben wir sie lediglich von religiösen auf nationale, ideologische oder ethnische Feindseligkeiten übertragen? Sind unsere Manieren besser oder schlechter als früher? »Die Manieren«, sagte ein Reisender im 19. Jahrhundert, »werden immer schlechter, wenn man vom Osten in den Westen reist. In Asien sind sie schlecht, in Europa noch schlechter und in den westlichen Staaten Amerikas ganz und gar schlecht.«[75] Und jetzt ahmt der Osten den Westen nach. Bieten unsere Gesetze dem Verbrecher zu viel Schutz vor Gesellschaft und Staat? Haben wir uns mehr Freiheiten gegeben, als unsere Intelligenz verdauen kann? Oder nähern wir uns einem solchen moralischen und sozialen Missstand, dass verängstigte Eltern zur Mutter Kirche zurücklaufen und sie anflehen, ihre Kinder zu disziplinieren, auch auf Kosten ihrer intellektuellen Freiheit? Ist der ganze Fortschritt der Philosophie seit Descartes ein Irrtum, weil sie nicht erkennt, welche Rolle der Mythos beim Trost und bei der Kontrolle des Menschen spielt? »Wer sein Wissen vermehrt, vermehrt auch sein Leid, und in großer Weisheit steckt großer Kummer.«[76]

Hat es seit Konfuzius überhaupt Fortschritte in der Philosophie gegeben? Oder in der Literatur seit Aischylos? Sind wir uns sicher, dass unsere Musik mit ihren komplexen Formen und kraftvollen Orchestern tiefgründiger ist als die von Palestrina oder musikalischer und inspirierender als die Monodien, die die Araber des Mittelalters zum Zupfen ihrer einfachen Instrumente sangen? (Edward Lane sagte über die Musiker von Kairo: »Ich war von ihren Liedern bezauberter … als von jeder anderen Musik, die ich je genossen habe.«[77]) Wie lässt sich unsere zeitgenössische Architektur – die durchaus verwegen, originell und beeindruckend ist – mit den Tempeln des alten Ägypten oder Griechenlands vergleichen, oder unsere Skulpturen mit der Chephren-Pyramide und der Hermes-Statue, oder unsere Flachreliefs mit denen von Persepolis oder des Parthenon, oder unsere Gemälde mit denen von van Eyck oder Holbein?

»Chaos durch Ordnung zu ersetzen, ist das Wesen von Kunst und Zivilisation.«[78] Ersetzt also die zeitgenössische Malerei in Amerika und Westeuropa die Ordnung durch Chaos und liefert ein anschauliches Symbol für den Rückfall unserer Zivilisation in den wirren und strukturlosen Verfall?

Wir haben eine so reiche Geschichte, dass wir darin Beispiele für fast jede Schlussfolgerung finden können. Würden wir unsere Belege mit einer heitereren Voreingenommenheit auswählen, könnten wir daraus tröstlichere Betrachtungen entwickeln. Aber vielleicht sollten wir zunächst einmal definieren, was Fortschritt für uns bedeutet. Wenn er eine Zunahme von Glück bedeutet, ist er fast auf den ersten Blick verloren. Unsere Kapazität, uns zu ärgern, ist endlos, und egal, wie viele Schwierigkeiten wir überwinden, wie viele Ideale wir verwirklichen, wir werden immer einen Grund dafür finden, unglaublich unglücklich zu sein. Es bereitet uns ein verstohlenes Vergnügen, die Menschheit oder das Universum zurückzustoßen, sie als unserer Anerkennung unwürdig anzusehen. Es erscheint töricht, Fortschritt in Begriffen zu definieren, die das Durchschnittskind zu einem höheren, fortgeschritteneren Produkt des Lebens machen würden als den Erwachsenen oder den Weisen – denn das Kind ist mit Sicherheit von den dreien am glücklichsten. Ist eine objektivere Definition möglich? Wir werden hier den Fortschritt als die zunehmende Kontrolle der Umwelt durch das Leben definieren. Es ist ein Test, der sowohl für den niedrigsten Organismus als auch für den Menschen gelten kann.

Wir können vom Fortschritt nicht erwarten, dass er anhaltend oder universell ist. Natürlich gibt es Rückschritte, so wie es Zeiten des Scheiterns, der Müdigkeit und der Erholung bei einem sich entwickelnden Individuum gibt. Wenn die gegenwärtige Phase einen Fortschritt bei der Kontrolle der Umwelt darstellt, dann ist Fortschritt real. Dieselbe Nation kann in einem Bereich menschlicher Aktivität Fortschritte und in einem anderen Bereich Rückschritte machen, so wie Amerika derzeit in der Technologie voranschreitet und sich in den bildenden Künsten zurückentwickelt. Wenn wir feststellen, dass der in jungen Ländern wie Amerika und Australien vorherrschende Typus des Genies eher zu den praktischen, erfinderischen, wissenschaftlichen, ausführenden Arten tendiert als dazu, Bilder zu malen oder Gedichte zu erschaffen, Statuen zu schnitzen oder an Worten zu feilen, so müssen wir verstehen, dass jedes Zeitalter und jeder Ort bei seinem Streben nach Umweltkontrolle bestimmte Arten von Fähigkeiten braucht und hervorruft. Wir sollten die Arbeit eines Landes und einer Zeit nicht mit dem Besten der gesamten Vergangenheit vergleichen. Es geht darum, ob der Durchschnittsmensch seine Fähigkeit, die Bedingungen seines Lebens zu kontrollieren, verbessert hat.

Wenn wir unsere moderne Existenz, so prekär, chaotisch und mörderisch sie auch ist, mit der Unwissenheit, dem Aberglauben, der Gewalt und den Krankheiten der Naturvölker vergleichen, stehen wir nicht schlecht da. Die am wenigsten gebildeten gesellschaftlichen Schichten in zivilisierten Staaten unterscheiden sich vielleicht immer noch nur geringfügig von den »Barbaren«, aber darüber hinaus haben Tausende, Millionen ein geistiges und moralisches Niveau erreicht, das bei »primitiven« Menschen selten anzutreffen ist. Unter den komplexen Belastungen des Stadtlebens suchen wir manchmal eine imaginäre Zuflucht in der vermeintlichen Einfachheit der Vorzivilisiertheit, aber in unseren weniger romantischen Momenten wissen wir, dass dies eine Fluchtreaktion vor unseren eigentlichen Aufgaben ist und dass das Verklären von Wilden, wie viele andere junge Stimmungen, ein ungeduldiger Ausdruck jugendlicher Fehlanpassung ist, einer bewussten Fähigkeit, die noch nicht ausgereift ist. Der »freundliche und im Einklang mit der Natur lebende Wilde« wäre durchaus reizvoll, ließe man sein Skalpell, seine Insekten und seinen Schmutz außer Acht. Eine Studie über die überlebenden urtümlichen Stämme zeigt deren hohe Kindersterblichkeit, ihre kurze Lebenszeit, ihre geringere Ausdauer und Schnelligkeit, ihre größere Anfälligkeit für Krankheiten.[79] Wenn die Verlängerung des Lebens auf eine bessere Kontrolle der Umwelt hindeutet, dann verkünden die Sterbetafeln den Fortschritt des Menschen, denn die Lebenserwartung der europäischen und amerikanischen Weißen hat sich in den letzten drei Jahrhunderten verdreifacht. Vor einiger Zeit diskutierten Leichenbestatter auf einer Tagung darüber, dass ihrem Geschäft dadurch, dass Menschen sich bei ihrem Rendezvous mit dem Tod zunehmend verspäten, Gefahr drohe.[80] Aber wenn Bestattungsunternehmer unglücklich sind, dann ist der Fortschritt tatsächlich real.

Im Vergleich Altertum gegen Neuzeit ist keineswegs klar, dass das Altertum den Preis davonträgt. Sollen wir es als eine triviale Errungenschaft betrachten, dass der Hunger in modernen Staaten beseitigt wurde und dass ein Land nun genug Nahrungsmittel anbauen kann, um selbst im Übermaß essen und dennoch Hunderte von Millionen Scheffel Weizen an bedürftige Nationen schicken zu können? Sind wir bereit, die Wissenschaft zu vernichten, die Aberglauben, Obskurantismus und religiöse Intoleranz stark vermindert hat oder die mehr an Technologie, Nahrung, Wohneigentum, Komfort, Bildung und Freizeitmöglichkeiten geschaffen hat, als es jemals zuvor gab? Würden wir wirklich die athenische Agora oder die römischen Komitees dem britischen Parlament oder dem Kongress der Vereinigten Staaten von Amerika vorziehen? Würden wir uns mit einem begrenzten Wahlrecht wie dem Attikas oder der Auswahl der Herrscher durch eine Prätorianergarde zufriedengeben? Hätten wir lieber unter den Gesetzen der Athener Republik oder des Römischen Reiches gelebt als unter Verfassungen, die den Schutz der persönlichen Freiheit, Geschworenenprozesse, religiöse und intellektuelle Freiheit sowie die Emanzipation der Frau zugestehen? Sind unsere Moralvorstellungen, so lasch sie auch sein mögen, schlechter als die des bisexuellen Alkibiades oder hat irgendein amerikanischer Präsident Perikles nachgeahmt, der mit einer Kurtisane zusammenlebte? Schämen wir uns für unsere großartigen Universitäten, unsere vielen Verlagshäuser, unsere großzügigen öffentlichen Bibliotheken? Ja, es gab großartige Dramatiker in Athen, aber war einer von ihnen großartiger als Shakespeare, und war Aristophanes so tiefgründig und menschlich wie Molière? Waren die Reden von Demosthenes, Isokrates und Aeschines denen von Chatham, Burke und Sheridan überlegen? Sollen wir Gibbon unterhalb von Herodot oder Thukydides einordnen? Gibt es ein Werk der antiken Prosafiktion, das mit dem Umfang und der Tiefe des modernen Romans vergleichbar ist? Wir mögen die Überlegenheit der Antike in der Kunst anerkennen, obwohl einige von uns vielleicht immer noch die Pariser Notre Dame dem Parthenon vorziehen. Wenn die Gründerväter der Vereinigten Staaten nach Amerika zurückkehren könnten oder Fox und Bentham nach England oder Voltaire und Diderot nach Frankreich, würden sie uns dann nicht als undankbar bezeichnen, uns vorwerfen, wir seien blind für unser Glück, heute und nicht gestern – und sei es unter Perikles oder Augustus – zu leben?

Die Wahrscheinlichkeit, dass unsere Zivilisation wie jede andere sterben wird, sollte uns nicht allzu sehr beunruhigen. Wie Friedrich seine sich zurückziehenden Truppen bei Kolin fragte: »Wollt ihr ewig leben?«[81] Vielleicht ist es wünschenswert, dass das Leben neue Formen annimmt, dass neue Zivilisationen und Zentren an die Reihe kommen. In der Zwischenzeit könnte das Bemühen, sich der

Herausforderung des aufstrebenden Ostens zu stellen, den Westen neu beleben.

Wir haben gesagt, dass eine große Zivilisation nie ganz stirbt – *non omnis moritur.* Einige wertvolle Errungenschaften haben alle Wechselfälle des Auf und Ab von Staaten überlebt: Feuer und Licht zu machen, die Herstellung des Rades und anderer grundlegender Werkzeuge, Sprache, Schrift, Kunst und Gesang, Landwirtschaft, Familie und elterliche Fürsorge, soziale Organisation, Moral und Wohltätigkeit sowie die Lehre zur Vermittlung von Überlieferungen der Familie und des Volkes. Dies sind die Elemente der Zivilisation und sie wurden auch während des gefährlichen Übergangs von einer Zivilisation zur nächsten beharrlich aufrechterhalten. Sie sind das Bindegewebe der menschlichen Geschichte.

Wenn Bildung die Weitergabe der Zivilisation ist, machen wir zweifellos Fortschritte. Zivilisation wird nicht vererbt; sie muss von jeder Generation neu erlernt und erworben werden. Würde man die Weitergabe für ein Jahrhundert unterbrechen, dann würde die Zivilisation sterben und wir wären wieder »Wilde«. Unsere beste Errungenschaft der Gegenwart ist also unser beispielloser Aufwand, um jedermann Zugang zu höherer Bildung zu verschaffen. Einst waren Universitäten reiner Luxus. Sie waren für die männliche Hälfte der feinen Leute konzipiert. Heute gibt es so viele Universitäten, dass jemand, der gut in Leichtathletik ist, einen Doktortitel erhalten kann. Wir haben vielleicht nicht die erlesenen Genies der Antike übertroffen, aber wir haben das durchschnittliche Wissensniveau über das jedes Zeitalters der Geschichte hinaus angehoben.

Nur ein Kind würde sich darüber beschweren, dass unsere Lehrer die Fehler und den Aberglauben von zehntausend Jahren noch nicht ausgerottet haben. Das große Experiment hat gerade erst begonnen, und es könnte noch durch eine hohe Geburtenrate eventuell unwilliger oder indoktrinierter Unwissender zunichtegemacht werden. Aber wie würden die Früchte eines Bildungssystems aussehen, in dem jedes Kind mindestens bis zu seinem zwanzigsten Lebensjahr unterrichtet würde und freien Zugang zu den Universitäten, Bibliotheken und Museen erhielte, die die intellektuellen und künstlerischen Schätze der Menschheit beherbergen? Betrachten Sie Bildung nicht als schmerzhafte Anhäufung von Daten und Fakten, auch nicht als bloße Vorbereitung des Einzelnen, damit er anschließend seinen Lebensunterhalt verdienen kann, sondern als die möglichst vollständige Weitergabe unseres geistigen, moralischen, technischen und ästhetischen Erbes an möglichst viele Menschen zur Steigerung der Lebensfreude sowie des Verständnisses, der Kontrolle und der Verschönerung des Lebens.

Das Erbe, das wir jetzt umfassend vermitteln können, ist reicher als je zuvor. Es ist reicher als das von Perikles, denn es umfasst die gesamte griechische Blütezeit, die ihm folgte; reicher als das von Leonardo, denn es umfasst ihn und die italienische Renaissance; reicher als das von Voltaire, denn es umfasst die gesamte französische Aufklärung und ihre ökumenische Verbreitung. Wenn der Fortschritt trotz unseres Gejammers real ist, dann nicht, weil wir gesünder, besser oder weiser geboren werden als die Säuglinge in der Vergangenheit, sondern weil wir mit einem reicheren Erbe geboren werden. Wir werden auf einer höheren Ebene jenes Sockels geboren, den die Anhäufung von Wissen und Kunst anwachsen lässt und der die Grundlage und die Stütze unseres Seins bildet. Das Erbe wächst, und der Mensch wächst in dem Maße, wie er es erhält.

Geschichte ist vor allem die Schaffung und Dokumentation dieses Erbes. Fortschritt ist seine zunehmende Fülle, Bewahrung, Weitergabe und Nutzung. Für diejenigen von uns, die Geschichte nicht nur als eine warnende Erinnerung an die Torheiten und Verbrechen des Menschen studieren, sondern auch als eine ermutigende Erinnerung an schöpferische Individuen, ist die Vergangenheit kein bedrückendes Gruselkabinett. Stattdessen wird sie zu einer himmlischen Stadt, zu einem weitläufigen Land des Geistes, in dem noch immer tausend Heilige, Staatsmänner, Erfinder, Wissenschaftler, Dichter, Künstler, Musiker, Liebende und Philosophen leben und sprechen, lehren und schnitzen und singen. Der Historiker wird nicht darüber trauern, dass er keinen Sinn in der menschlichen Existenz erkennen kann, außer dem, den der Mensch in sie hineinlegt. Seien wir stolz darauf, dass wir selbst unserem Leben einen Sinn geben dürfen und manchmal sogar eine Bedeutung, die über den Tod hinausgeht. Wenn ein Mensch Glück hat, wird er, bevor er stirbt, so viel wie möglich von seinem zivilisierten Erbe zusammentragen und es an seine Kinder weitergeben. Und bis zu seinem letzten Atemzug wird er für dieses unerschöpfliche Vermächtnis dankbar sein, in dem Wissen, dass es sowohl unsere uns nährende Mutter als auch unser fortdauerndes Leben ist.

ÜBER WILL UND ARIEL DURANT

Nachdem Will und Ariel Durant mehr als fünfzig Jahre damit verbracht hatten, die von der Kritik gefeierte Serie *The Story of Civilization* (auf Deutsch erschienen unter dem Titel *Kulturgeschichte der Menschheit*) zu vollenden, wurden sie 1968 mit dem Pulitzer-Preis in der Kategorie Sachbuch ausgezeichnet. 1977 erhielten die Durants die Presidential Medal of Freedom. Als Verfechter von Menschenrechten und sozialen Reformen unterhalten die Durants weiterhin Leser auf der ganzen Welt. Weitere Informationen über ihre Arbeit finden Sie unter www.will-durant.com

LITERATURHINWEISE

Bücher, die in den Anmerkungen erwähnt werden:

ARISTOTLE, *Politics*. Everyman's Library (deutsche Ausgabe: ARISTOTELES, *Politik*).

BAGEHOT, WALTER, *Physics and Politics*. Boston, 1956.

CARTER, THOMAS F., *The Invention of Printing in China and Its Spread Westward*. New York, 1925.

COXE, WILLIAM, *History of the House of Austria*, Bd. 3. London, 1847 (deutsche Ausgabe: *Geschichte des Hauses Oestreich von Rudolph von Habsburg bis auf Leopold des Zweiten Tod, (1218-1792)*).

DURANT, WILL, *The Mansions of Philosophy*. New York, 1929.

DURANT, WILL und ARIEL, *The Story of Civilization* (deutsche Ausgabe: *Kulturgeschichte der Menschheit*):

Our Oriental Heritage. New York, 1935.

The Life of Greece. New York, 1939.

Caesar and Christ. New York, 1944.

The Age of Faith. New York, 1950.

The Renaissance. New York, 1953.

The Reformation. N ew York, 1957.

The Age of Reason Begins. New York, 1961.

The Age of Louis XIV. New York, 1963.

The Age of Voltaire. New York, 1965.

Rousseau and Revolution. New York, 1967.

Encyclopaedia Britannica, Ausgabe von 1966.

GIBBON, EDWARD, *The Decline and Fall of the Roman Empire*, Milman-Ausgabe, Bd. 6. New York: Nottingham Society, o. J. (deutsche Ausgabe: *Verfall und Untergang des römischen Imperiums*).

GOBINEAU, J. A. DE, *The Inequality of Human Races*. London, 1915 (deutsche Ausgabe: *Versuch über die Ungleichheit der Menschenrassen*).

GOMME, A. W., *The Population of Athens in the Fifth and Fourth Centuries B.C.* Oxford, 1933.

GOWEN, H. H., UND HALL, JOSEF, *Outline History of China*. New York, 1927.

GRANET, MARCEL, *Chinese Civilization*. New York, 1930.

ISOCRATES, *Works*. Loeb Library.

KAUTSKY, KARL, *Communism in Central Europe in the Time of the Reformation*. London, 1897.

LANE, EDWARD, *Manners and Customs of the Modern Egyptians*, Bd. 2. London, 1846.

LEMAÎTRE, JULES, *Jean Jacques Rousseau*. New York, 1907.

PASCAL, BLAISE, *Pensées*. Everyman's Library (deutsche Ausgabe: *Gedanken*).

PAUL-LOUIS, *Ancient Rome at Work*. London, 1927.

PLATO, *Dialogues*, Jowett (Übers.), Bd. 4. New York: Jefferson Press, o. J. (deutsche Ausgabe: PLATON, *Die großen Dialoge*).

PLUTARCH, *Lives*, Bd. 3. Everyman's Library.

RENAN, ERNEST, *The Apostles*. London: Methuen, o. J. (deutsche Ausgabe: *Die Apostel*).*Marc Aurèle*. Paris: Calman-Levy, o. J.

SÉDILLOT, RENÉ, *L'Histoire n'a pas de sens*. Paris, 1965.

SEEBOHM, FREDERICK, *The Age of Johnson*. London, 1899.

SIEGFRIED, ANDRÉ, *America Comes of Age*. New York, 1927.

SPENGLER, OSWALD, *The Decline of the West*, Bd. 2. New York, 1927 (deutsche Ausgabe: *Der Untergang des Abendlandes*).

THUCYDIDES, *History of the Peloponnesian War*. Everyman's Library (deutsche Ausgabe: THUKYDIDES, *Der Peloponnesische Krieg*).

TODD, A. J., *Theories of Social Progress*. New York, 1934.

TOYNBEE, ARNOLD J., *A Study of History*, IOV. London, 1934f.

ANMERKUNGEN

Kapitel I

1 Sédillot, René, *L'Histoire n'a pas de sens.*
2 Durant, *Our Oriental Heritage*, 12.
3 *Age of Faith*, 979.
4 *Sédillot*, 167.
5 *The Reformation*, viii.
6 *The Age of Reason Begins*, 267.

Kapitel II

7 Pascal, *Pensées*, Nr. 347.
8 Plato, *Phaedo*, Nr. 109.

Kapitel III

9 *Caesar and Christ*, 193, 223, 666.

Kapitel IV

10 Gobineau, I*nequality of Human Races, XV*, 210.
11 Ebd., 211.
12 Ebd., 36–7.
13 In Todd, A. J., *Theories of Social Progress*, 276.
14 Siehe *Our Oriental Heritage*, 934–38.

Kapitel VI

15 *Caesar and Christ*, 211.
16 *The Renaissance*, 576.
17 *Our Oriental Heritage*, 275.
18 *The Reformation*, 761.
19 *The Age of Reason Begins*, 394.
20 *The Age of Voltaire*, 64.
21 *Our Oriental Heritage*, 265.
22 *The Rèformation*, 763.
23 *The Age of Voltaire*, 487.
24 Gibbon, Edward, *Decline and Fall of the Roman Empire, I*, 314.

Kapitel VII

25 *Caesar and Christ*, 296–97.

26 *The Age of Faith*, 525–26.
27 Plato, *Laws*, Nr. 948.
28 *Our Oriental Heritage*, 205–13.
29 Ebd., 416–19, 434, 504.
30 Renan, *The Apostles*, xxxiii.
31 Lemaître, *Jean Jacques Rousseau*, 9.
32 Durant, *The Mansions of Philosophy*, 568.

Kapitel VIII

33 *The Reformation*, 752.
34 *The Age of Louis XIV*, 720.
35 Plutarch, *Life of Solon*.
36 *The Life of Greece*, 112–18.
37 Plutarch, *Tiberius Gracchus*.
38 *Caesar and Christ*, 111–22, 142–44, 180–208.

Kapitel IX

39 *Encyclopaedia Britannica, II*, 962b.
40 *Our Oriental Heritage*, 231. Wir haben das dort für Hammurabi angegebene Datum korrigiert.
41 *The Life of Greece*, 587–92.
42 Paul-Louis, *Ancient Rome at Work*, 283–85.
43 *Caesar and Christ*, 641f.
44 Szuma Ch'ien in Granet, Marcel, *Chinese Civilization*, 113.
45 Ebd.
46 *Our Oriental Heritage*, 700f. Die dort angegebenen Daten werden für eine Neuausgabe überarbeitet.
47 Gowen und Hall, *Outline History of China*, 142.
48 In Carter, Thomas, *The Invention of Printing in China and Its Spread Westward*, 183.
49 *Our Oriental Heritage*, 724–26.
50 *The Age of Reason Begins*, 249–51.
51 Kautsky, Karl, *Communism in Central Europe in the Time of the Reformation*, 121, 130.
52 *The Reformation*, 383, 391, 398–401.

Kapitel X

53 Renan, *Marc Aurele*, 479.
54 Gibbon, *Decline and Fall*, 1, 31.

55 Wir sollten hinzufügen, dass einige Historiker das Zeitalter der Antoninen als erfolgloses »Aufbäumen« gegen den Zerfall Roms betrachten. Siehe Arnold J. Toynbee, *A Study of History* (London, 1934f.), IV, 60.
56 Siehe Taines unvergessliche Beschreibung in *The French Revolution* (New York, 1931), II, 209–33.
57 Gomme, A. W., *The Population of Athens in the Fifth and Fourth Centuries B.C.*, 21, 26, 47; *The Life of Greece*, 254.
58 Thucydides, *Peloponnesian War*, iii 10; *The Life of Greece*, 284.
59 Plato, *The Republic*, Nr. 56064.
60 Ebd., Nr. 422.
61 Aristotle, *Politics*, Nr. 1310.
62 Isocrates, *Works*, »Archidamus«, Nr. 67.
63 Dieser Absatz entstammt *The Life of Greece*, 46466.
64 *Caesar and Christ*, 128–30.
65 Ebd.

Kapitel XI

66 *Our Oriental Heritage*, 446.
67 *Caesar and Christ*, 218.
68 In Seebohm, *The Age of Johnson*, xiii.

Kapitel XII

69 *Our Oriental Heritage*, I.
70 Siehe *The Mansions of Philosophy*, 355; Toynbee, *A Study of History*, IV, 27f.
71 Zitiert aus Bazards *Exposition de la doctrine Saint-Simonienne*, in Toynbee, I, 199.
72 Spengler, *Decline of the West*, 1 353, 90, 38.
73 Dies ist die ursprüngliche Theorie von Toynbees *Study of History*, I, 271f.

Kapitel XIII

74 Dieser Abschnitt greift einige Passagen aus einem Essay zum gleichen Thema aus *The Mansions of Philosophy* auf.
75 Anon, in Bagehot, *Physics and Politics*, 110.
76 Ecclesiastes, i, 18.
77 Lane, Edward, *Manners and Customs of the Modern Egyptians*, II, 66.
78 *Our Oriental Heritage*, 237.
79 Todd, *Theories of Social Progress*, 135.
80 Siegfried, André, *America Comes of Age*, 176.
81 *Rousseau and Revolution*, Kap. II, Abschnitt iii, William Coxe, *History of the House of Austria*, III, 379.

STICHWORTVERZEICHNIS

Die in Klammern nach einem Namen stehenden Daten sind Geburts- und Todesdaten, außer wenn ihnen ein »reg.« vorangestellt ist, dann geben sie bei Päpsten und Staatsherrschern die Amtsdauer an. Ein einzelnes Datum mit vorangestelltem *fl.* bezeichnet *floruit.* Alle Datumsangaben verstehen sich als n. Chr., sofern nicht anders angegeben.

A

F

G

J

K

N